スタディ憲法

第2版

曽我部真裕・横山真紀 編

法律文化社

第2版はしがき

　幸いにも多くの方々にこの本の初版を通じて憲法の基本に触れてもらうことができ，今回，改訂の機会を頂くことができました。執筆者一同，大変嬉しく思っています。

　今回の改訂では，初版と同じように，憲法の基本をできるだけ分かりやすく具体的に紹介しつつ，新しい法律や判例などを盛り込んでアップデートしました。また，この本の最大の特徴であるかわいらしいキャラクターの登場するマンガは，各章のストーリーをすべて入れ替えています。初版ではふじもとめぐみさんにご担当頂いたのですが，今回は，キャラクターはそのままに，あさひらちひろさんに担当して頂きました。新しいキャラクターも登場しますよ。

　国際情勢が激動し，日本社会も大きく変わりつつある今，これからの日本社会を担う大学生の皆さんが，自由で民主的な社会の骨組みである憲法の基本を学ぶ意義はとても大きいです。そのためにこの本をぜひ活用して頂ければと思います。

2023年1月

執筆者を代表して

曽我部　真裕

初版はしがき

　この本は，大学で初めて憲法を学ぶ皆さんのためのテキストとして編集されたものです。半期15回の講義で使われることを考え，全15章のオーソドックスな構成になっています。このような入門レベルのテキストはたくさんありますが，この本の特徴は次のような点にあります。

　まず，各章のはじめにマンガを載せました。執筆者の考えたストーリーをイラストレーターのふじもとめぐみさんに描いて頂いたものです。これによって，各章の説明を読む前にイメージをもってもらえるのではないかと思います。本文を読む前に，可愛らしいケン太やポー子と一緒に憲法の世界を体験してみて下さい。

　次に，本文の説明の内容ですが，知識量をしぼりこみ，具体例を多く紹介することで，授業でのテキストとして使うだけではなく，一人で読んで学修することもできるように工夫しました。

　憲法の学修というと，ひたすら暗記するものだと考えてしまうかもしれませんが，そうではなく，憲法の考え方を理解することが大事です。抽象的な説明もありますが，具体例の手助けを借りて，どのようなことを言おうとしているのか考えてみて下さい。また，巻末には憲法の条文も載せていますので，面倒がらずにこまめに条文を見ながら学修をすすめると理解が深まることと思います。

　この本を読んで憲法に興味関心の湧いてきた読者のために，「読書案内」のページでは次に読むべき本も紹介していますので，ぜひ挑戦してみて下さい。

　憲法は，自由で民主的な日本という社会の骨組みとなるものですが，憲法がその役割を果たし続けるためには，市民による支えが必要不可欠です。これからの日本社会を担う大学生の皆さんが，この本を通じて憲法の基本的な考え方を知って頂ければ，執筆者一同，大変嬉しく思います。

　最後に，この本ができるに当たっては，色々な方のお世話になりました。特に，ふじもとめぐみさんには，憲法のテーマをマンガにするという難しいお願いをしましたが，素敵な作品に仕上げて頂きました。また，企画・編集の全体

にわたり，法律文化社の梶原有美子さんに大変お世話になりました。執筆者を
代表して厚くお礼を申し上げます。

　2018年1月

執筆者を代表して

曽我部 真裕

目　　次

■ 登場キャラクター紹介

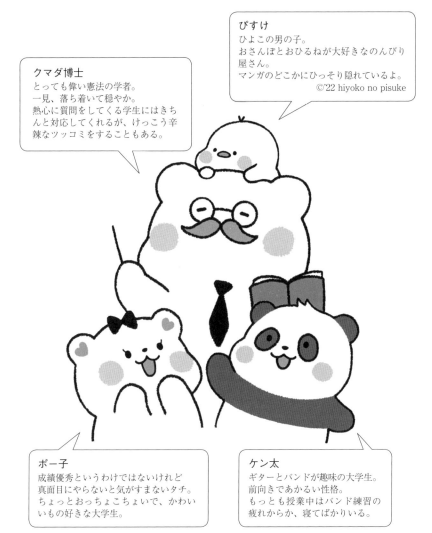

ぴすけ
ひよこの男の子。
おさんぽとおひるねが大好きなのんびり
屋さん。
マンガのどこかにひっそり隠れているよ。
©'22 hiyoko no pisuke

クマダ博士
とっても偉い憲法の学者。
一見、落ち着いて穏やか。
熱心に質問をしてくる学生にはきち
んと対応してくれるが、けっこう辛
辣なツッコミをすることもある。

ポー子
成績優秀というわけではないけれど
真面目にやらないと気がすまないタチ。
ちょっとおっちょこちょいで、かわい
いもの好きな大学生。

ケン太
ギターとバンドが趣味の大学生。
前向きであかるい性格。
もっとも授業中はバンド練習の
疲れからか、寝てばかりいる。

（イラスト作成：あさひらちひろ）

はじめに

皆さん，初めまして。これから一緒に日本国憲法を勉強していきましょう！

ところで憲法と聞くと，法律学の一内容で難しいんじゃないだろうか，きっと面白くないだろうなぁと思っている人も多いと思います。ですが，憲法は意外と皆さんの身近にあるものです。そして，人類の長い歴史の中で，夢と希望を求めた多くの人々の血と汗と涙のにじんだ結晶と言えるでしょう。その一端である日本国憲法を学ぶことは，皆さんもそんな壮大な人類史の一部に，ちょっとだけ関わることになるのです。そう思うとドキドキしませんか？

そこで，ここではまず，憲法とはどんな法律なのか，どのような歴史的背景のもと誕生したのか，憲法の"プロフィール"をひも解いてみることにしましょう。

I　憲法とは何か

「社会あるところに法あり」といわれることがありますが，法（法律）は社会生活上のルールです。日本にもたくさんの法律があります。例えば刑法という法律には，罪を犯した場合それに対してどんな刑罰が科されるか定められており，日本社会の安全や秩序を守っている法律といえるでしょう。また，民法という法律は，市民生活の中で起きた様々なトラブル，結婚や相続など家族関係の問題を解決するための法律です。これらはほんの一例にすぎませんが，このように法律がカバーする領域は，人間の全生活に及ぶと考えてよいでしょう。

人間は自己中心的な動物です。何らかのルールで縛らなければ，人を殺したり，約束を破ったり，権力者がその権力を濫用したり，とにかくロクなことはしないという，人間自身による人間に対する不信感が，このようなルールを作らせているのです。

では，皆さんがこれから勉強する憲法は，どのような法律なのでしょうか。おそらく「基本的人権」，「平和主義」，「国会や内閣の仕組み」など，高校までで学んだ専門用語や知識は断片的に思い浮かぶかもしれませんが，全体としてどういうことが書かれた法律なのか，その目的は何か，具体的にイメージできない人も多いのではないでしょうか。

憲法は，国の基本法といわれます。そのため，世界中の国家は，原則として
それぞれの憲法を持っています。では，この憲法＝基本法はどのような目的で
作られ，そこにどんなことが書かれているのでしょうか。

Ⅱ　「憲法」の誕生

1　近代立憲主義

現在，世界にある多くの国々の基本的な枠組みや法制度は，近代の欧米にお
いて成立したと考えられています。その中核にあるのが，憲法に基づいて統治
を行う「立憲主義」という思想です。

もともと，この「立憲主義」の根幹にあるのは，権力者による権力濫用を抑
制するという考え方です。この意味での立憲主義は，かなり古い時代から存在
していたと考えることができます。憲法の歴史をひも解くとき，しばしば言及
されるのが**マグナ・カルタ**という13世紀イギリスの文書です。これは，世界初
の権利文書といわれることがあります（→第8章）。マグナ・カルタは，1215年，
失政を繰り返し，王位を失いかけたイングランド国王ジョンが貴族らの要求を
受け入れて制定した文書で，そこには国王の権力を制限する様々な内容が規定
されていました。代表的なものは，新たな課税に対し，貴族らの同意を必要と
する課税同意権です。これは，ジョン王がフランスとの戦争に負けて領地を
失ったにもかかわらず，さらに戦に赴き，その負担を領民に課すという不当な
ことを行ったために規定されたものです。このように，国王の権力を制限する
マグナ・カルタは，いわば立憲主義の萌芽ということができるでしょう。

現在のスタイルの立憲主義は，このマグナ・カルタよりもさらに時代がくだ
ること数百年，欧米の近代市民革命の時代に直接的ルーツを見出すことができ
ます。そのため，現在のスタイルの立憲主義をとくに「近代立憲主義」ともい
います。この近代立憲主義は，①**人権保障**と②**権力分立**という2つの柱によっ
て支えられています。別の言い方をすると，市民革命の結果こうした考え方が
確立し，それらを取り入れている憲法を**近代立憲主義憲法**（**近代憲法**）と呼ん
でいるのです。1789年の**フランス人権宣言**16条が，「権利の保障が確保されて
おらず，権力の分立が定められていないすべての社会は，憲法をもたない」と

しているのは，まさにこの考え方のあらわれといえます。

　日本では，戦前にあった**大日本帝国憲法**（**明治憲法**），そして戦後の**日本国憲法**のいずれも，この近代憲法です。特に明治憲法は，東アジアにおいて初の近代立憲主義憲法でした。もっとも憲法学において，明治憲法はしばしば，外見的立憲主義であったと批判的に評価されることがあります。すなわち，体裁としては近代立憲主義でしたが，権力が主権者である天皇に集中し，実質的には国民の権利が制限された体制であったため，うわべだけの立憲主義（外見的立憲主義）であったといわれています（→第2章）。

2　市民革命と社会契約論

　それでは，この近代立憲主義の発想を生み出した市民革命とはどのような革命だったのでしょうか。

　17-18世紀に主としてイギリス，アメリカ，そしてフランスで起こった市民革命は国ごとにその背景を異にしますが，それをシンプルに図式化するならば，中世から続く身分制の完全な崩壊をもたらした革命といえるでしょう。

　中世の封建制は，土地を媒介とした主従契約に基づいており，領主らは国王の庇護を受ける代わりに，戦ともなれば兵士を率いて国王のために戦いました。このような封建制は身分制を前提としており，いわば神の前に人は「不平等」であることが神の摂理であるかのように考えられていました。

　近世に至ると，このような中世の封建制は解体され，強い中央集権体制が形成されます。その典型が，フランスの絶対王政です。この理論的背景には，国王の権力は神によって与えられたとする王権神授説がありました。これによって，国王の権力行使を正当化していたのです。

　市民革命とは，このような体制に不満を持つ者たちが，それまでの支配階級であった特権階級（国王や貴族，聖職者など）に代わって，平等な「市民」を誕生させた革命です。つまり，従来の身分制が解体し，新しく均一の「身分」としての「市民」が創設され，ここに至ってはじめて，神の前に人は皆「平等」であるとするよく知られる考え方が生まれたといえるでしょう。したがって，市民革命後の新しい政治体制は，この「市民」が，統治者にも，また統治される者にもなりうるという考え方を基礎におきました。

この市民革命を理論的な面で正当化したのは，**社会契約論**と呼ばれる政治理論でした。代表的論者として，イギリスのジョン・ロック（1632-1704）やフランスのジャン＝ジャック・ルソー（1712-1778）などがあげられます。社会契約論は，社会や国家が存在しない「自然状態」という仮想状況をイメージし，もし人々が自然状態におかれたなら，弱肉強食になるだろうと考えます。そこでは，人々は常にその生命や財産が危険に脅かされます。しかし，このような生命や財産はもともとその人のものであり，何ものにも侵されない権利があると考えられます。このような権利を，社会契約論者は「**自然権**」と呼んでいます。そこで人々は，自らの自然権を守るために互いに契約（社会契約）を結んで国家を設立し，その国家に治安の維持や権利の保障を委ねることにしました。以上が，社会契約論の骨子です。この理論に即してみれば，憲法とは，この国家設立の基本文書すなわち国家の基本法と考えられます。

　このような社会契約の前提には，個々の人間に価値があり，みんなが自由で平等であるという考え方があります。このような個人の権利を守ることこそが，設立された国家の役割だと考えるのです。

3　人権保障と権力分立

　ここで，先に述べた近代立憲主義の中核にある①人権保障と②権力分立という考え方について整理してみましょう。今述べたように，個人の権利・自由を守るということが社会契約で設立された国家の役割と考えるなら，それは別の言い方をすると，人権保障こそが国家の役割であり目的であるということができます。したがって，憲法には当然，人権保障の規定がおかれるべきです。しかし，人権を保障するためには，保障を現実に行うための装置が必要です。それが，権力分立という仕組みです。この発想は，18世紀に書かれたシャルル・ド・モンテスキュー（1689-1755）の『法の精神』という書物にルーツを持つものです。権力が一部の人間に独占されると濫用の危険を招くかもしれません。それゆえ権力分立とは，権力を異なる機関に分担させ，相互に抑制・均衡の関係におくことによって，このような権力の濫用を防ぎ，国民の権利を守るためにあるのです。

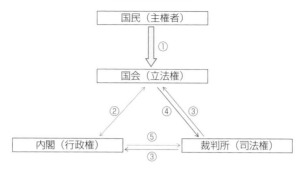

権力分立図と解説

①	国民による国会議員（衆議院・参議院）の選挙	日本国憲法は代表民主制を採用しています（43条）。
②	議院内閣制	（1）　国民を直接代表する国会からは，内閣総理大臣が指名され（67条），過半数の国務大臣もまた国会議員から任命されます（68条1項但書）。このように国会のコントロール下におかれる内閣は，国会に対して，連帯責任を負います（66条3項）。 （2）　下院たる衆議院は内閣に対し不信任決議を行うことができ，内閣は，その対抗手段として衆議院の解散を行うことができます（69条）。
③	裁判所による違憲審査	裁判所は，国会の法律や行政機関の処分等に対し，違憲審査権を行使することができます（81条）。
④	裁判所に関する法律制定・弾劾裁判	（1）　国会は，裁判所の構成を法律で決めることができます（76条1項，79条1項など）。 （2）　国会は，罷免の訴追を受けた裁判官の弾劾裁判を行います（64条）。
⑤	裁判官の指名・任命	内閣は，最高裁判所長官の指名し（6条2項），最高裁のその他の裁判官と下級裁判所裁判官を任命します（79条1項，80条1項）。

　日本国憲法は，憲法第3章に基本的人権を定めるとともに，第4章で国会（→立法権），第5章で内閣（→行政権），そして第6章で裁判所（→司法権）の三権を定めており，これら三権を担う各国家機関は相互に抑制・均衡の関係におかれています。詳しくは，権力分立図とその解説を見て下さい。

　これまでの説明から，憲法は，近代の社会契約論に基づき，また市民革命という歴史的経験を経て，権力を抑制し，国民の権利・自由を守るためにある国の基本法である，とまとめることができます。すなわち近代立憲主義は，不安定で恣意的な人の支配に対して，基本法によって権力を抑制する法の支配を確

立し，制度化させたものということができるでしょう。ここに，後述するように，憲法が最高法規とされる意義があるのです。

Ⅲ　憲法の法典化

　近代立憲主義の思想は，世界で初めて，アメリカ合衆国憲法において法典化されました。法典化とは，ある法分野のルールをひとつの体系化された文書にまとめることです。このように法典化された憲法を，**成文憲法**といいます。

　ところで，皆さんの中には，法律が文章で書かれているのは当たり前という意識があるかもしれません。しかし，厳密にいえば，法の中には文章になっていない慣習法と呼ばれるものがあります。例えば，大学のあるサークルで「○○部では，伝統で，今の部長がやめるときに次の部長を指名することになっている」とします。これについて，サークル規約には何も書かれていないとしましょう。ですが，○○部のみんながこれを当然のことと考え，長い間そうしていれば，それはある種の法としての拘束力を持ちます。しかし，これに異議をとなえる人が出てきたらどうでしょうか。もし「○○部では，今の部長がやめるときに次の部長を指名する」ということをルールとして文章化しておけば，異議をとなえる人が出てきても，「ちゃんとサークル規約に書いてある」と反論できます。

　憲法にも，実は同じことがいえます。文章にして，さらにひとつの法典とすることで，中身を体系化でき，明確にすることができます。したがって，現在，世界の多くの国がこの成文憲法のスタイルをとっています。日本国憲法も，成文憲法です。

　もっとも，イギリスやイスラエルのように**不文憲法**の国もわずかながら存在します。不文憲法の国は確かに日本国憲法のような「憲法典」を持ちませんが，文章で書かれた憲法がないわけではありません。このような国では，憲法とは，議会制定法や裁判所の判例などの中で，国の基本事項や制度について規定しているものの集合体をさしています。例えばイギリスでは，人権保障については権利章典や人権法が，また国家機関の仕組みや制度については議会法や王位継承法など様々な法律が「憲法」を構成していると考えられています。し

たがって，**不文憲法とは文章になっていない憲法という意味ではなく，法典化していない憲法という意味**です。では，このような不文憲法には，成文憲法と異なり高い価値がないのかというと，そうではありません。イギリスでは，国王や議会を含めた国のすべての機関を拘束する「高次の法」があると考える法的伝統があります。そのため，法律を制定する議会は，その「高次の法」にしたがって制定しなければならないのです。

　このように憲法がどのような形で存在しているかという問題は，しばしば，憲法改正方法との関わりで論じられることがあります。成文憲法は，憲法改正の条件が通常の法律の改正よりも厳しい**硬性憲法**という性格を持っています。例えば，硬性憲法に分類される日本国憲法では，通常の法律改正は国会の両議院の可決のみで可能です（59条）。しかし憲法改正は，両議院の総議員の3分の2の賛成による発案について，国民投票で過半数の賛成が必要です（96条）（→第3章）。それに対しイギリスのような不文憲法は，通常の法律改正と同じ手続で憲法改正が可能な**軟性憲法**であるとされます。

Ⅳ　憲法の最高法規性

　国の基本法である憲法は，**国の最高法規**でもあります。日本国憲法には，「この憲法は，国の最高法規であつて，その条規に反する法律，命令，詔勅及び国務に関するその他の行為の全部又は一部は，その効力を有しない」（98条1項）と規定されています。

　日本国憲法下の国内法令には，主なものとして，（日本国が締結した）条約，法律，予算，政令，議院規則，最高裁判所規則，条例があります。これらの法令には，効力の点で優劣関係があり，下位の法令は上位の法令に違反することができません。通常，国民の日常生活に関わる法令は，憲法，国家間の合意である条約，国会が制定する法律，行政機関が定める政令，地方公共団体が定める条例です。一般に，憲法，条約，法律，政令，条例の順に優劣関係があるといわれています。最高法規たる憲法は，すべての国内法令の中でもっとも強い効力を持ちます。98条にあるように，憲法以外の国内法令が憲法に違反した場合，それは無効となります。そのチェック機能を担うのが，裁判所です。裁判

所は，憲法よりも下位の法令が憲法に違反していないかどうかを審査する違憲審査権を持っています（81条）（→第6章）。この違憲審査制は，憲法の最高法規性を確保するためにあります。このほかにも憲法は，その最高法規性を維持するために，公務員の憲法尊重擁護義務を規定しています（99条）（→第8章）。これは，国政に携わる者に対して，憲法を遵守するとともに憲法違反行為を予防する義務を課していると考えられます。また，上述した硬性憲法としてのしくみも，憲法の安定性を図ることで，その最高法規性の確保に資するものといえます。

の尊重などが書かれておったのじゃ。民主主義的風潮の復活や、基本的人権じゃが、このポツダム宣言には、ム宣言を受け入れて終戦を迎えたんふむ。一九四五年の夏、日本はポツダ

戦争って怖いわ。街がボロボロになってる。この写真の時代よね、日本国憲法ができたのって。

敗戦後写真展

そうじゃ。だからマッカーサー率いるGHQが日本の新憲法草案を作ったんじゃよ。

へー。日本国憲法ってアメリカ人が作ったのかぁ。

だけど確か、はじめに日本政府が考えた新憲法案は、明治憲法を微修正しただけで、民主的なものじゃなかったとか…

最終的に憲法は、当時の日本の帝国議会の審議を経てできたんじゃよ。たとえば憲法25条の生存権なんかは、日本人の提案で憲法に入れられたものなんじゃ。

いやいや、そうとも言えんのじゃ。

はじめに

　高校までの学習で，日本国憲法には，国民主権，基本的人権の尊重，平和主義という３つの基本原理があると習ったと思いますが，こうした基本原理がなぜ採用されているのか考えたことはあるでしょうか？

　この疑問に答えるためには，明治時代以来の日本の憲法の歴史を振り返る必要があります。そのため，この章の第Ⅰ節ではまず，日本の憲法の歴史を説明します。立憲的意味の憲法は明治時代に取り入れられたものですが，最初に制定された明治憲法（正式名は「大日本帝国憲法」）には，立憲主義という観点からは光と影がありました。日本国憲法は明治憲法の経験を踏まえて作られたもので，明治憲法を学ぶことは日本国憲法をよく理解するために必要なことです。また，戦後，日本国憲法をめぐっては政治や司法の場で激しい議論が行われ，このことを理解することも，憲法の現状と今後を考えるために重要です。

　ところで，憲法をめぐる議論の中でも最も激しく争われてきたテーマとしては，平和主義の問題があります。そこで，第Ⅱ節ではこの問題を扱います。日本国憲法９条は，明治憲法の反省に基づいて作られたものですが，戦後の国際状況や国内政治の中で複雑な運命をたどってきました。歴史的な流れを知ることが重要だという意味で，第Ⅱ節は第Ⅰ節と共通する部分があります。また，こうした歴史を知ることで，平和主義をめぐる憲法問題を多角的に考えられるようになってほしいと思います。

Ⅰ　日本の憲法の歴史

1　２つの憲法

　憲法というものを広い意味で「国の基本法」（→第１章）と捉えれば，江戸時代以前の日本にも憲法は存在したといえますが，近代立憲主義憲法（近代憲法）の歴史といえば明治以降のことであり，具体的には1889（明治22）年の**明治憲法**（正式名は「大日本帝国憲法」）と，1946（昭和21）年の**日本国憲法**の２つの憲法です。

　この節では，この２つの憲法に加えて，明治憲法が制定されるまでの模索の時代について簡単に見ることにします。

2　明治憲法制定まで

　明治維新後，政府は，極めて分権的な体制であった江戸時代の幕藩体制を改め，廃藩置県（1871［明治3］年）をはじめ，中央集権的な国家機構の整備を進めました。また，幕末に欧米列強と結んだ**不平等条約**の改正のためにも，近代的な，つまりは欧米的な法制度の導入も急ピッチで行われました。

　他方，この時代には欧米の議会政治の知識も日本に紹介され，イギリスやフランスをモデルに，民間からも議会の開設や憲法の制定を求める声が高まりました。その初期のものが板垣退助（1837-1919）らを指導者とする**自由民権運動**で，民間人による憲法草案の提案が多数なされました（これらをまとめて**私擬憲法**といいます）。

　政府の方でも1881年に**国会開設の勅諭**を発して10年後に憲法を制定して議会を開設することを表明しました。しかし，政府がモデルとしたのは，議会よりも政府の力の強いドイツの憲法でした。政府はその後，**伊藤博文**（1841-1909）を中心に憲法制定の準備に取り掛かり，ヨーロッパでの憲法調査等を実施しました。

3　明治憲法とその内容

　明治憲法は東アジア初の立憲主義憲法として，1889（明治22）年に発布されました。明治憲法は立憲主義を取り入れた側面と，日本の伝統的な国のあり方（国体）を踏まえた側面との二面性をもっていました。後者の側面は，**万世一系で神聖不可侵の天皇が憲法を定め日本を統治する**という大原則にあらわれています。

　しかし，明治憲法は，統治権そのものはすべて天皇が保有するとしていましたが，統治権の行使は実質的には帝国議会や大臣，裁判所によって行われるとしています。つまり，天皇の独裁を認めているわけではなく，立憲主義的な要素ももっています。「臣民の権利」という形で，国民の権利も保障されていました。とはいえ，国民の権利の保障は十分ではなく，「外見的立憲主義」という批判もされています（→第1章）。

　明治憲法のもとでの政治のあり方がどのようなものとなるかは，明治憲法のこの2つの側面のどちらが前に出るかという問題でもありました。大正時代に

は**大正デモクラシー**と呼ばれる政治のあり方が見られ，そこでは，二大政党制のもと，選挙で勝利した政党が内閣を作り，政権交代がなされるなど，議会制民主主義に即した政治（政党政治）が行われました。しかし，昭和期に入ると，満州事件（1931〔昭和6〕年），五・一五事件（1932年）などを契機に軍部の影響力が強まり（**軍国主義**），内閣が軍部のコントロールができなくなるなどして日本は侵略戦争の道へと進んでしまいます。軍部のコントロール手段が不十分だったことは明治憲法そのものの重大な欠陥でした。

4　日本国憲法の制定とそのあゆみ

（1）　日本国憲法の制定

1945（昭和20）年8月14日，日本は連合国に対して**ポツダム宣言**を受諾し降伏しました。ポツダム宣言には，国家主権の喪失と領土の縮小，軍国主義の否定，基本的人権の尊重，国民主権の確立といった内容が含まれています。その後，ダグラス・マッカーサー（1880-1964）率いるGHQ（連合国軍総司令部）による日本占領が始まります。連合国による日本占領は，GHQが日本政府に司令を出し，日本政府がそれを実施するという**間接統治方式**で行われました。

さて，戦後，明治憲法はどうなったのでしょうか。GHQが最高権力者となったのですから，明治憲法がそのまま適用されることがなくなったのは当然ですが，形式的には明治憲法は残っていました。そこで，憲法をどうするかということが議論になります。明治憲法そのままではポツダム宣言の要求に答えられないことは明らかで，改正が必要であることは認識されていました。その上で，最低限の改正でよいという意見と，全面改正（あるいは新憲法の制定）が必要だという意見とに分かれたわけです。

日本政府は明治憲法の改正で対応する方向で検討を進めていました。このことは極秘だったのですが，1946年2月1日に毎日新聞のスクープで改正案が報道されます。これを見たマッカーサーはこれでは改革不十分だと判断し，GHQ内部で改正草案を作成することとしました。GHQのスタッフは手分けして草案を作成し，わずか1週間あまりで完成させます。これが1946年2月13日に日本政府に提示された**マッカーサー草案**です。そこには国民主権，象徴天皇制，戦争放棄等が定められており，GHQの起草作業のことを知らなかった日

本側がそれを目にしたときの驚きは想像に難くありません。ちなみに，この点を捉えて戦後，日本国憲法はアメリカに押し付けられたものであって無効であるとか，日本人自らが書き直さなければならないといった意見が主張されることになります（「**押し付け憲法論**」と呼ばれます）。

さて，GHQ の憲法草案に対して日本側は抵抗しました。しかし，戦勝国と敗戦国との関係ですから力関係は明らかであり，日本側はマッカーサー草案を元に日本政府の案を作成し，それが，明治憲法の改正手続に従って，帝国議会での審議等を経て日本国憲法となりました。憲法公布は1946年11月3日，施行は翌47年5月3日です。

（2） 日本国憲法の特徴

皆さんは中学・高校時代に，国民主権，基本的人権の尊重，平和主義が，**日本国憲法の三大原理**であると学習したでしょう。この三大原理は，明治憲法と対比した場合の日本国憲法の重要な特徴を示すものだといえます。

まず，**国民主権**は，明治憲法の天皇主権からの転換との関係で日本国憲法の重要な特徴となります。天皇制は古来，日本の国のあり方（国体）の要素であり，憲法制定の際にも天皇制を守ることが日本政府の重要な関心事でした。その結果，天皇制は守られましたが，日本国憲法のもとでの天皇はもはや主権者ではなく（主権者は国民です），1条にある通り，国及び国民統合の象徴であるに過ぎません（**象徴天皇制**）。国民主権については第3章で扱います。

第2の**基本的人権の尊重**は，明治憲法下での国民の権利の保障が十分でなかったことの反省を踏まえたものです。明治憲法は確かに国民の権利を保障していましたが，あくまで，法律の範囲内での保障であり（これを**法律の留保**のもとでの保障といいます），人権侵害的な法律が制定されてしまえばどうしようもありませんでした。実際に，治安維持法をはじめとする弾圧的な法律が多数制定されました。日本国憲法は，基本的人権を「侵すことのできない永久の権利」（12条）とし，また，人権を不当に侵害する法律をチェックするための裁判所による違憲審査制度を設ける（81条）など，人権保障を強化しています。人権についてはこの本の第8章以降で，違憲審査制については第6章で詳しく扱います。

第3に，**平和主義**は，もちろん，アジア全域で2000万人ともいわれる犠牲者

を出した無謀な侵略戦争の反省を踏まえたものです。これについてはこの章の次の節で扱います。

（3）　日本国憲法70年のあゆみ

①　激動の70年　日本国憲法は2021（令和3）年に制定から75年を迎えました。この間，条文が改正されることは一度もありませんでしたが，政治の世界では改正あるいは全面的な作り直しを求める声も強く，日本国憲法は論争の的となってきました。また，条文はそのままでも，自衛隊の創設や日米安全保障体制など，当初考えられていたあり方とは異なるともいえる展開も見られました（これについては本章第Ⅱ節で説明します）。ここではこうした点について簡単に見てみましょう。

②　日本国憲法をめぐる論争　憲法が制定されたのは1946（昭和21）年ですが，その後間もなく，資本主義国アメリカと社会主義国ソビエト連邦（ソ連）との間の対立が激しくなり，多くの国がアメリカ陣営とソ連陣営とに分かれて世界が分断される国際情勢になりました。対立と言っても，米ソが直接戦争になることはなかったので，冷たい戦争ということで「**冷戦**」と呼ばれます。

国際政治上の冷戦状況は，日本にも大きな影響を与えました。日本はアメリカ陣営に属し，1952年に独立を回復すると同時に，**日米安全保障条約**（安保条約）を締結します。しかし，国内政治においては，社会主義を支持する勢力も強く，1955年以降，資本主義を支持する自由民主党（自民党）が一貫して政権を維持しつつも，社会主義を掲げる日本社会党も一定の勢力をもって対抗するという構図が40年近く続きます（これを**55年体制**と言います）。

つまり，55年体制は90年代までの日本政治の基本構図だったわけですが，これが憲法論議に大きな影響を及ぼします。1つは憲法改正をめぐる議論で，自民党は資本主義を支持する一方で，政治的には保守的であり，憲法が天皇を象徴の地位に留めている点や，個人主義的な人権思想をとっている点，また，9条が再軍備の妨げになっている点などを不満として改正を主張し，さらには，先にも触れたように押し付け憲法論を持ち出して，そもそも憲法は無効であり，新たに日本人の手で憲法を制定すべきだなどと主張しました。これに対して社会党は憲法改正に断固反対，つまり**護憲**の立場をとり，鋭く対立しました。

実際のところ，これらの主張は，それぞれ極端なものであり，憲法論議の硬直化を招きました。このことは，立憲主義を守りつつ時代に合わせて憲法のあり方を考えていくという建設的な議論を妨げたという意味で不幸なことだったといわざるを得ません。他方で，政府の側は，実際上の必要性から，憲法を改正するのではなく憲法の解釈を変更することによって対応する方法を取りました。その代表例が自衛隊の創設とその後の任務拡大，さらには最近の集団的自衛権の承認です。

　③　冷戦後の動き　　最近，といっても1990年代以降のことになりますので皆さんにとっては生まれる前の話ですが，②で述べたような状況は少しずつ変化してきました。1989年末，米ソ首脳により冷戦の終結が宣言され，日本でも，1993年，自民党が38年間維持してきた政権を非自民連立内閣である細川護熙内閣に譲りわたし，55年体制が終りを迎えました。同時に，自民党が政権を失った直接の原因は「政治とカネ」の問題であり，この問題に対応するために細川内閣のもとで選挙制度改革が行われ，その後も，2000年代はじめにかけて，内閣のリーダーシップを強化するなどの行政改革や，司法改革が行われ，政治の仕組みの実際の姿は大きく変化しました。その後，小泉純一郎内閣や安倍晋三内閣が強いリーダーシップを発揮したのには，こうした制度改革が背景にあります。

　90年代の話に戻ると，憲法論議に関していえば，象徴天皇制や人権思想はそれなりに日本社会に定着し，こうした観点から憲法改正を主張する声は弱まりました。憲法が定着するにつれ，押し付け憲法論も下火になりました。他方で，日本は経済大国になり，自国のことだけではなく世界的な問題の解決に貢献することが求められるようになってきました。その一環として，湾岸戦争（1990年）を契機に，自衛隊の国際貢献のあり方が問われ，その関係で憲法改正の主張が強くなってきました。そのほか，非常事態への対処や違憲審査制の改革，地方分権などの問題に関連して憲法改正が主張されました。

　このように憲法改正論議が活性化する中，2000年には衆参両議院に憲法調査会が設置されて調査が行われ，また，2007年には憲法改正の具体的な手続を定める憲法改正国民投票法が制定されました（これに伴って憲法調査会は憲法審査会に衣替えしました）。さらに，2006年から翌年にかけてと2012年から20年まで，

憲政史上最長の期間政権を担った自民党の安倍晋三内閣は憲法改正を具体的な政治課題に掲げることによってさらに憲法改正への関心が高まりました。

Ⅱ　平和主義

1　平和主義の理念

　日本国憲法の平和主義の理念はまず，次に引用する通り，憲法前文の第1段と第2段とに表れています（原文は旧仮名遣いですが，修正しています）。

　　日本国民は，（……）われらとわれらの子孫のために，諸国民との協和による成果と，わが国全土にわたって自由のもたらす恵沢を確保し，政府の行為によって再び戦争の惨禍が起ることのないようにすることを決意し，ここに主権が国民に存することを宣言し，この憲法を確定する。（……）
　　日本国民は，恒久の平和を念願し，人間相互の関係を支配する崇高な理想を深く自覚するのであって，平和を愛する諸国民の公正と信義に信頼して，われらの安全と生存を保持しようと決意した。われらは，平和を維持し，専制と隷従，圧迫と偏狭を地上から永遠に除去しようと努めている国際社会において，名誉ある地位を占めたいと思う。（……）

　これは，戦前に日本が侵略戦争に乗り出したことに対する深い反省に基づいているわけですが，次の2つの点に注意が必要です。1つは，前文第1段で，平和と国民主権（民主主義）とが結びつけられていることです。これは，多くの戦争が政府の行為によって生じることから，それを統制するために民主主義が重要だということです。

　もう1つは，平和を人類普遍の理想だと捉えたうえで，国際社会はそれに向かって進んでいるという理想主義的な考え方です。この考え方に基づき，一方では①日本の安全と生存を国際社会に委ね，他方では②日本も国際社会における名誉ある一員として共に努力するという姿勢が示されています。②は国際協調主義の現れですが，他にも前文第3段で，「いずれの国家も，自国のことのみに専念して他国を無視してはならない」とも述べられています。さらに，国際協調主義は憲法本文では98条2項にも示されています。

平和主義の思想や，それに向けた取り組みには欧米諸国を中心に長い歴史があり，日本国憲法の平和主義もこうした伝統の延長線上にあるものといえます。実際，外国の憲法でも，何らかの形で平和主義に関する規定をおいている例は珍しくありません。

　しかし，日本国憲法9条を素直に読めば，侵略戦争を禁止するというだけではなく，一切の軍事力が放棄されていると理解することができます。ここまでのことを定めている例はほとんどなく，その意味で日本国憲法は際立った特徴を有しています。

　とはいえ，戦後の国際社会の厳しい現実に直面し，実際には，1950（昭和25）年，朝鮮戦争を契機に**警察予備隊**が設立され，その後1954年には**自衛隊**へと発展し，今日では世界でも有数の軍事力を備えるに至っています。また，独立の回復と同時に日本はアメリカとの間で**日米安保条約**を締結し，沖縄を中心にアメリカ軍に広大な基地を提供しています。さらに，近年では自衛隊とアメリカ軍との連携がより一層緊密化し，2015年には**集団的自衛権**が法律上認められています。

　このような現実については，9条や前文との整合性をめぐって戦後，激しい政治的議論が繰り広げられてきました。他方，先に②として述べたように，憲法前文は，日本に平和の実現のために積極的な努力を払うことを求めています。この要請をどのように具体化していくかも問われているといえます。

2　平和的生存権

　前文第2段には，「われらは，全世界の国民が，ひとしく恐怖と欠乏から免かれ，平和のうちに生存する権利を有することを確認する。」とも述べられており，これを**平和的生存権**といいます。

　平和的生存権に関しては，権利といっても通常の権利と同じように，裁判で主張できるような具体的な権利かどうかが議論されてきました。というのは，平和的生存権の内容がはっきりしませんし，外国からの武力攻撃を考えれば分かるように，日本国だけでは実現できないものであるからです。そこで，平和的生存権は抽象的な権利あるいは理念であって，裁判で主張できるようなものではないと考えるのが一般的です。

3　9条の解釈

（1）　何が問題なのか

　9条は最も有名な憲法の条文だといえるでしょう。9条には2つの項があり
ますが，まず1項は「日本国民は，正義と秩序を基調とする国際平和を誠実に
希求し，国権の発動たる戦争と，武力による威嚇又は武力の行使は，国際紛争
を解決する手段としては，永久にこれを放棄する。」としています。次に2項
は「前項の目的を達するため，陸海空軍その他の戦力は，これを保持しない。
国の交戦権は，これを認めない。」と定めています。

　この規定を素直に読めば，自衛隊も違憲だということになるでしょう。しか
し，自衛隊はすでに約70年以上の歴史をもって存在し，国民にも広く受け入れ
られています（世論調査では，多くの国民が自衛隊に好印象をもっていると答えてい
ます）。この矛盾をどのように解決するかが大きな問題となります。

　最も分かりやすい方法は，9条を改正して自衛隊の存在を認めることです
が，本章第Ⅰ節で説明したような戦後政治の歴史の中では不可能でした。そこ
で，政府は，内閣法制局を中心として，自衛隊を合憲とするような解釈を考え
出し，採用してきましたが，それには強い批判もありました。

　そこで，次に，9条の解釈についての学説や政府の解釈について見てみま
す。

（2）　学説の9条解釈

　9条解釈に関する学説には様々なものがあります。通説だといわれる考え方
によれば，まず，9条1項は，自衛戦争以外の戦争，武力行使・威嚇を放棄す
るもので，逆にいえば自衛目的の戦争等は放棄されていないとされます。しか
し，この説は，2項によって一切の戦力の保持が禁止され，また，交戦権は認
めないとされている結果，結局自衛戦争も禁止されていることになるといいま
す。この立場からは，自衛隊は「戦力」に当たるので違憲だということになる
でしょう。

　これに対して，1項はいまの考え方と同じだとした上で，2項の「前項の目
的を達するため」という文言は，「侵略戦争を放棄するという目的を達するた
め」という意味だとして，自衛のための戦力は保持することができ，その結
果，自衛隊は戦力には当たるが自衛目的なので合憲であるという考え方もあり

ます。

　これらの説の対立点は，自衛目的の軍事力を「戦力」に当たると考えるかどうかということであり，自衛目的の軍事力も「戦力」に当たるため禁止されると考えれば，自衛隊は違憲だということになります。他方，政府はこれらの説の対立とは違う観点から9条を解釈してきました。この点を次に述べます。

（3）　政府の9条解釈

　政治の世界で9条をめぐる激しい論争があったことの反映ですが，政府はこれまで，国会答弁の形で9条の解釈をたびたび示してきました。政府の憲法解釈は，**内閣法制局**によって担われています。

　政府の憲法解釈の基本的な部分は，（2）で述べた通説と同じく，1項では自衛目的の戦争等は放棄されていないが，2項で一切の「戦力」が放棄されているというものです。そうすると，通説と同じく，自衛隊が違憲ということになりそうです。しかし，政府は自衛隊を合憲だとしています（自衛隊については次の4で改めて触れます）。政府が自衛隊を合憲だとする際のカギは9条2項で保持しないとされた「**戦力**」の意味の解釈にあります。この点について政府は，日本は独立国として当然に自衛権をもっており，自衛のための最小限度の実力は「戦力」には当たらないというのです。そして，自衛隊は自衛のための最小限度の実力であり，9条違反ではないとします。

　ところで，自衛隊が違憲ではないとしても，どの範囲で武力行使ができるのでしょうか。これは自衛権の内容をどのように理解するかという問題で，この点についての政府の憲法解釈が2014年に変更され，大きな論議を呼びました。

　かつては，①日本に対する武力攻撃が発生した場合に，②これに対応する他の手段がないときに③必要最小限度の武力行使が許されるとされたのですが，2014年に①の部分が変更され，他国（アメリカが念頭に置かれています）に対する攻撃であっても，それによって日本の存立が脅かされ，国民の権利が根底から覆される明白な危険がある場合には自衛隊の武力行使が認められると考えられるようになり，この解釈を前提とする関係法律の改正が行われました。

　これは限定的な**集団的自衛権**を認めたものです。集団的自衛権とは，図にあるように，同盟関係にある他国（A国。例えばアメリカ）に対するX国からの武力攻撃があった場合に，自国（日本）がこれを自国に対する攻撃と同視して，

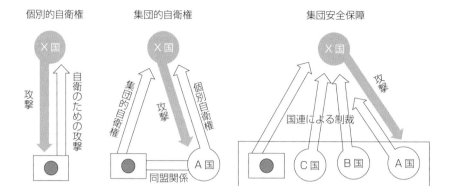

個別的自衛権　　　　集団的自衛権　　　　　　　　　集団安全保障

武力行使を行うというものです。この場合，自国に対する武力攻撃はないので，**個別的自衛権**では自国の武力行使を説明できないのです。なお，国連などの国際的な枠組みで制裁を行うのは**集団安全保障**と呼ばれ，集団的自衛権とは別物です。

このような解釈変更に対しては，大規模な反対デモが起きるなど国民の反対が強く，学説からもそのような解釈は無理であり，仮に集団的自衛権を認めるのであれば正面から憲法改正をすべきではないかなど，強い批判があります。

4　平和主義をめぐる諸問題

（1）　日米安全保障条約

1951（昭和26）年にサンフランシスコ平和条約が締結され，連合国による占領が終了し，日本は独立を回復しました。この時，同時にアメリカとの間で**日米安全保障条約**（安保条約）を締結し，また，1960年にはその改定が行われました。それにより，日本がアメリカ軍に基地を提供する引き換えに，日本に対する武力攻撃が生じたときにはアメリカは日本の防衛に協力することとなっています。今日でも6万人弱の兵力が日本に駐留しているとされ，その半分近くが沖縄県に集中しています。沖縄には，敷地面積からいえば，在日米軍の基地の約7割が集中しており，沖縄の過重負担が大きな問題となっていることを知っている人も多いでしょう。

さて，安保条約は憲法に違反しないのでしょうか。特に，在日米軍は，9条2項の禁止する「戦力」に当たらないのでしょうか。この点が争われたのが有

名な**砂川事件**です。この事件で東京地裁は，日本が米軍の駐留を許容していることは「戦力」の保持に当たるとして違憲判決を出しました。しかし最高裁（最大判1959年12月16日）は，安保条約の合憲性の問題には「高度の政治性」があり，一見極めて明白に違憲ではない限り，裁判所ではなく国民（より直接的には国民の代表である国会でしょう）が判断すべきだとして判断を避けました（これを**統治行為論**と言います）。とはいえ，確かに合憲か違憲かについて，正面からは述べておらず，その意味では判断を避けているのですが，判決の内容を見ると，国には自衛権が認められ，その一環として他国に安全保障を求めることを憲法は禁止していないとか，外国の軍隊は「戦力」には含まれないとか述べ，合憲であるというニュアンスが強く感じられるものとなっています。

（2）　自衛隊の合憲性と海外活動

　自衛隊の合憲性について，政府は3（3）に述べたような理由で合憲だとしていますが，この問題については国会で議論されただけではなく，訴訟でも繰り返し争われています。**警察予備隊違憲訴訟**では，自衛隊の前身である警察予備隊の設置後すぐに，違憲の確認を求めて最高裁に直接訴えが提起されましたが，最高裁はこのような手続は認められないとして門前払いしています（→第6章）。その後も，自衛隊の違憲性を争った有名な事件としては，**恵庭事件**，**長沼事件**，**百里基地事件**などがあります。これらのうち，長沼事件1審判決は，自衛隊の合憲性を正面から判断し，違憲という結論に至ったものとして注目されましたが，その他の事件では，自衛隊が合憲か違憲かという判断に立ち入らないで事件が処理されています。つまり，少なくとも最高裁のレベルでは，自衛隊は合憲であるとも違憲であるとも判断されていないということになります。

　ところで，自衛隊の発足当初はその存在自体が合憲かどうか争われてきたのですが，その後，自衛隊の存在は国民の間で定着し，争点はむしろ自衛隊の装備や規模，活動範囲といった問題にシフトしました。この関係でも様々な議論がありますが（集団的自衛権の問題については3（3）で触れました），ここでは海外活動の問題について述べます。

　日本が経済大国になるに伴い，国際的な貢献が求められるようになり，その1つとして自衛隊の海外活動が要請されるようになりました。最初に大きな問

題となったのは，国連の行う平和維持活動（PKO）への参加問題です。1992年には大激論の末，**PKO 協力法**が制定されました。さらにその後，21世紀に入ると，2011年 9 月11日のアメリカ同時多発テロ事件後，アメリカを中心として行われたアフガニスタン攻撃(2001年〜)やイラク戦争 (2003〜2011年) において，日本にも協力が求められ，**テロ対策特別措置法**や**イラク復興支援特別措置法**が制定されましたが，アメリカ等への物資補給等の後方支援活動が， 9 条 1 項の禁止する武力行使に当たらないかなどが問題となりました。

　こうした議論はありつつも，自衛隊の海外活動の実績は着実に積み重ねられ，2015年に恒久法として制度化されました（**国際平和支援法**）。今後はそれぞれのケースでの国会承認のあり方が問われることになります（この点については次に触れる文民統制の問題です）。

5　文民統制

　これまで見てきた通り，通説的な憲法学説によれば 9 条は自衛隊の存在を認めていない反面，現実には自衛隊が設置されて国民の間にも定着し，その活動範囲も拡大してきているというのが現状です。

　どの国にとっても，政治や国民が，防衛を担う軍事組織とどのように付き合っていくかということは非常に重要な問題です。戦前の日本では，軍を政治・国民がきちんとコントロールできなかったことが軍の暴走につながった要因の 1 つでした。戦後の憲法学説は軍事組織の存在をそもそも認めないということで，こうした問題を解決しようとしたわけですが，現実にはその通りにはなりませんでした。

　そこで，軍隊をもつ他のほとんどの国と同じく，自衛隊という軍事組織の存在を前提として，それが暴走しないようにする仕組みを考えることが極めて重要です。そのための仕組みが**文民統制**（シビリアン・コントロール）と呼ばれるものです。

　文民統制の原理は，①軍事組織の組織・編成などに対する責任政治の原則と，②軍事組織の政治への介入の禁止を要素とするといわれます。憲法は軍事組織を想定していなかったため，憲法の条文そのものには文民統制に関する規定はほとんどありません。せいぜい「内閣総理大臣その他の国務大臣は，文民

でなければならない」とする66条2項がある程度です（この規定は**文民条項**と言われます）。

　しかし，自衛隊に関係する法律には様々な仕組みが設けられています。①に関わる主なものとしては，(a)自衛隊法により，文民である内閣総理大臣が自衛隊の最高指揮権者とされていること，(b)安全保障に関する重要事項を審議するため，内閣に国家安全保障会議（NSC）が設置されていること（国家安全保障会議設置法），(c)国会による統制については，自衛隊法により，個別の自衛隊の出動に関し，国会承認が要件とされていることがあります。

　②に関わるものとしては，先ほど紹介した66条2項の文民条項があります。これによって，現職の自衛官が大臣に就任することは憲法上禁止されることになります（→第5章）。

そういえば、日本では憲法改正の時しか国民投票が認められていないわよね。

うん。基本的には、選挙で選ばれた国会議員が政治を行ってるよな。

でも、国民主権というからには、国民が直接、物事を決めるべきじゃないかしら？ほら、古代ギリシャみたいに。

うーん……でも、現代では何でも国民みんなで直接決めるなんて、実際には無理だと思うけど……

ふむ。国民が直接政治を行うというのは、単に実際上不可能というだけではなく、国民主権にはさまざまな考え方があるんじゃ。

ポリポリ

ポリポリ

はじめに

　諸外国には，政治的意思決定の方法の1つとして，国民投票を採用している
国があります。例えば，スイスにおいて国民投票が頻繁になされていること
は，よく知られているでしょう。また，近年では，イギリスで欧州連合離脱の
是非を問う国民投票が行われたことも，耳目を集めました。

　国民投票において，国民は，国家の政治的な意思決定に直接参加することが
できます。国民主権の観点から見ると，国民投票を含む直接民主制は，議会の
議員などを介する間接民主制よりも，優れた制度だと思われるかもしれませ
ん。しかし，憲法学において，直接民主制が国民主権の下における理想の政治
形態であるとは，必ずしも考えられていません。というのも，その時々の民意
は極めて不安定であり，偽政者が自身の統治の正統化のためにこれを利用する
場合もあるからです。

　日本国憲法が国民主権を採っていることは明らかであるとしても，それは具
体的に何を意味するのでしょうか。本章はまず，国民主権原理を取り上げて，
この問題を扱います。その後，国民主権に関連して，天皇制と憲法改正につい
て，その内容を紹介します。

I　国民主権

1　国民主権とは

（1）　主権の意味

　主権は，もともとフランスにおいて絶対王政を正当化するために用いられた
概念でした。すなわち，絶対王政が成立する以前のフランスにおいて，国内で
は封建領主や自治都市が，国外では神聖ローマ皇帝やローマ法王が，国王と並
ぶ権力を持っていました。このような状況において，分散していた権力を国王
に集中させるために，主権の概念が持ち出されるようになります。この概念を
確立したことで知られるジャン・ボダン（1530-1596）は，主権とは君主のもつ
絶対かつ永遠の，法によって制約されない最高の権力であることを明らかにし
ました。

　その後，近代国家が複雑化し，国王の権力が国家の権力から区別されるよう

になると，主権の意味は分化していきます。現在，主権という言葉は，次の3つの意味で用いられています。第1に，主権とは**統治権**のことであり，立法権・行政権・司法権を包括する，国家権力そのものを指します。この意味での主権の例としては，戦後の日本の領土範囲を定めたポツダム宣言8項の「日本国ノ主権」や，41条の「国権」が挙げられます。第2に，それは統治権の性質を，つまり**国家権力の対外独立性**および**対内最高性**を意味します。前文3項の「自国の主権を維持し」にいう主権は，前者の対外独立性を表しています。第3に，主権は，**国政の最高決定権**のことを指します。前文1項の「主権が国民に存する」や，1条の「主権の存する日本国民」が，その例にあたります。

（2）　国民主権の意味

国民主権にいう主権は，この最後の意味での主権を表しています。すなわち，それは，**国政の最高決定権が国民にある**ことを意味します。国民主権は，**君主主権**に対抗する原理であり，近代市民革命において絶対王政を打破する際に，大きな役割を果たしました。それ以降，国民主権の考え方は，多くの国々の憲法に取り入れられています。

もっとも，主権者である「国民」をどのように捉えるかによって，国民主権の意味は変わってきます。すなわち，「国民」を政治的な意思表示を行うことのできる有権者の集団と捉える場合，国民主権は，このような実在する有権者が現実に国家権力を行使することを求める原理であると解されます。このような考え方は，フランスでは**プープル主権**（または**人民主権**）と呼ばれてきました。プープル主権によれば，有権者が自らの意思を直接表明できる**直接民主制**が，制度上の原則であるとされます。その結果，現実には代表民主制をとらざるを得ないとしても，**普通選挙**によってできるだけ多くの市民に選挙権を与えるべきであり，また，代表者は，**命令委任**の原則に従って選挙区の選挙人の意思に拘束されるべきだとされます。

これに対して，「国民」を有権者に限定されない国民の総体として抽象的・観念的に捉える場合，国民主権は，国民が国家権力の正統性の根拠であることを要求する原理であるとされます。このような考え方は，プープル主権に対して，**ナシオン主権**（または**国民主権**）と呼ばれてきました。ナシオン主権によれば，抽象的・観念的な国民の総体は，それ自体として具体的な意思決定を行う

ことはできません。したがって，国民の代わりに政治的決定を行う代表機関が必要となり，**代表民主制**(または**間接民主制**)が採られることになります。また，どの機関を代表とするかは憲法によって決定されるため，有権者が選挙を通じて代表者を選出することは，必ずしも要求されません。その結果，代表の方法として**制限選挙**をとり，財産などによって有権者の範囲を限定することも許容され，また，代表者は，**自由委任**の原則に従って，選挙区の選挙人の意思に拘束されることなく，全国民のために行動するものとされます。

2　日本国憲法における国民主権

（1）　国民主権の宣言

日本国憲法は，前文において「ここに主権が国民に存すること」を宣言し，また1条において天皇の地位が「主権の存する日本国民の総意に基く」と規定することによって，国民主権原理を明らかにしています。つまり，日本国憲法において，明治憲法下における天皇中心の国家体制は大きく転換され，国政は国民によって担われることになりました。

（2）　国民主権の意味

もっとも，日本国憲法における国民主権の意味については，様々な見解が唱えられてきました。一方では，国民主権を，もっぱら国家権力の正統性の根拠が国民にあるという意味で，つまりナシオン主権的に理解しようとする説があります。しかし，この説に立つと，国民主権は，国家権力を現実に誰がどのように行使するかとは無関係な，単なる建前・理念になってしまいます。そこで，通説は，国民主権を，国家権力の正統性が国民にあるという**正統性の側面**と，国家権力が国民によって行使されるという**権力性の側面**の2つの側面を持った，折衷的・複合的原理として説明しようとします。もっとも，国民主権の権力性の側面からどのような制度が要請されるかについては，見解が分かれています。

（3）　憲法改正権

一つの有力な見解によれば，国民主権は，国民自らが憲法を制定し，国の政治のあり方を決定するということと，深く結び付いているとされます。この国民の**憲法制定権**は，本来的には国民が直接権力を行使することを意味します。

しかし，既存の憲法をいつでも破壊し，新たな憲法を制定できるとすれば，憲法そのものが無意味になってしまいます。そこで，憲法制定権は，憲法典の中においては，①国家権力の正統性の根拠が国民にあるという建前ないし理念と，②法的拘束に服しつつ憲法を改める力，すなわち**憲法改正権**に転化したとされます。したがって，96条1項において，憲法改正が最終的に国民投票に委ねられていることは，国民主権の権力性の側面の表れであるとされます（憲法改正については，本章Ⅲを参照）。

（4） 統治制度全般の民主化の要請

また，国民主権の権力性の側面を，憲法改正権のみならず，統治制度全般の民主化の要請として捉えようとする有力な見解があります。この見解によれば，まず，有権者の範囲は，国民全体の意思ができる限り忠実に反映されるように決定されるべきだとされ，日本国憲法における普通選挙の原則は，国民主権の要請であると理解されます（普通選挙については，第15章を参照）。また，統治制度，特に国民を代表する機関の組織と活動も，民意を反映し，活かすように構成されることが求められます。その結果，国会議員は，全国民の代表として（43条），自ら独自に統一的な国家意思の形成を目指すと同時に，選挙区の選挙人の意向も考慮すべきだとされます。

学説においては，さらに踏み込んで，日本国憲法をプープル主権の考え方に沿って解釈し，命令委任に基づく国会議員のリコール制や，法律案の諮問的国民投票が，憲法上要請されるとする見解もあります。しかし，日本国憲法は，その条文からすれば，代表民主制を原則としていることは明らかであり，国会は「唯一の立法機関」（41条）であり，国会議員は「全国民を代表」（43条）するものとされています。また，冒頭にも述べたように，その時々の民意は極めて不安定であり，過去には国民投票が大衆迎合的・扇動的な政治手法によって人気投票に陥ったり，それどころか独裁者の支配の正統化のために使われることも珍しくありませんでした。これらの理由から，プープル主権を理想とする見解は，支持を集めていません。

II 天皇制

1 国民主権と天皇制

　明治憲法において，天皇は国の元首であり，統治権を総攬するものとされていました（明治憲法4条）（→第2章）。これに対して，日本国憲法は，「天皇は日本国の象徴であり日本国民統合の象徴」（1条）であって，「この憲法の定める国事に関する行為のみを行ひ，国政に関する権能を有しない」（4条1項）ことを明らかにしています。また，「天皇の地位は，主権の存する日本国民の総意に基く」（1条）とされ，主権者である国民が，天皇制のあり方を決定するものとされています。以下では，国民主権をとる日本国憲法において天皇制がどのように位置付けられているかを，具体的に見ていきましょう。

2 天皇の地位

（1） 象徴の意味

　1条は，**象徴天皇制**を定めています。その最も重要な意味は，明治憲法と異なり，天皇の国政に関する権限を否定したことにあります。一般に，象徴とは，ハトが平和の象徴だといわれるように，抽象的な考えを具体的な事物や形によって示すことをいいます。天皇が象徴であることも，国民が，天皇を通じて，日本国および日本国民の統合を想起することを意味します。ただし，1条の「象徴」は，「象徴とみなされるべきだ」という規範的な意味は含んでおらず，天皇が象徴であるための特別な処遇を要求したり，何らかの権限を基礎付けたりすることはありません。むしろ，天皇の存在それ自体が，象徴としての機能を果たしており，天皇が憲法上定められた国事行為を行うことによって，この機能はより良く果たされると考えられています。

（2） 天皇に対する特別の法的処遇

　もっとも，現行法においては，天皇に対する特別な法的処遇が認められています。例えば，その地位に関する世襲制（2条）（詳細は後述（3））に加えて，天皇を「陛下」という特別の敬称で呼ぶことや，天皇誕生日を国民の祝日とすることなどが，法律によって定められています。

また，天皇の**刑事・民事上の責任**に関しても，特例を認めるべきかが議論されてきました。刑事責任に関して，明文で免責を認めた法律はありませんが，天皇はその在任中に訴追されることはないと考えられています。また，民事責任に関して，最高裁は，「天皇は日本国の象徴であり日本国民統合の象徴であることにかんがみ，天皇には民事裁判権が及ばないものと解するのが相当である」と判示しています。しかし，学説では，天皇の民事裁判権を肯定する立場が有力であり，この判決に対しては強い異論があります。

　なお，かつて明治憲法下の刑法には「皇室に対する罪」が定められており，**不敬罪**と呼ばれる天皇や皇族に対する侮辱等の罪には，一般の国民に対するよりも重い刑罰が科されていました。しかし，1947年の刑法改正において，これらの規定は削除されています。

（3）　天皇の地位の継承

　憲法は，「皇位は，世襲のものであつて，国会の議決した皇室典範の定めるところにより，これを継承する」（2条）と規定し，天皇の地位が，血統に従って継承されること，すなわち世襲制を認めています。世襲制は，14条1項の平等原則とは矛盾しますが，憲法が天皇制を採用したことにともなう例外として，許容されると考えられています。

　皇位継承の詳細は，**皇室典範**によって定められています。皇室典範は当初，憲法を頂点とする法体系とは別の，皇室という天皇の家の事柄に関する法体系の最高規範として，明治憲法と同格のものとみなされていました。それは，天皇によって勅定され，その改正についても帝国議会は関与できませんでした。これに対して，日本国憲法下において，皇室典範は法律の一種であるとされています。皇室典範は，皇位継承について**男系男子主義**をとっています。このことは，14条1項の禁止する性別による差別に当たるとも考えられます。しかし，世襲の天皇制自体が憲法の例外であることから，男系男子主義も許されるとされています。近年では，皇位継承の安定性の観点から，女性または女系の皇族に皇位継承資格を拡大すべきかが議論されています。

　また，皇室典範は，皇位継承を「天皇が崩じたとき」に限定しており，天皇はいったん皇位を継承すると，終身にわたり在位します。しかし，平成の天皇が生前退位の意向を表明したことを受けて，2017年に一代に限って退位を認め

る皇室典範の特例法が制定されました。同法に従って，2019年に平成の天皇は上皇となり，皇太子が新天皇に即位しました（皇位継承については，第8章も参照）。

3　天皇の権限

（1）　国事行為

　天皇は，憲法上「国事に関する行為」（4条1項）を行う権限を与えられています。**国事行為**の具体的内容は，6条および7条に規定されています。国事行為は，憲法上列挙されているものがすべてであり，法律によってそれを新たに創設することはできません（右の表を参照）。

　天皇は国政に関する権限を持たないため，国事行為は，**形式的・儀礼的な行為**に過ぎないとされています。確かに，国事行為には，それ自体としてみれば，極めて政治的な行為も含まれています。しかし，他の機関の実質的決定権が憲法上明記されていれば，国政に関わる国事行為も，形式的・儀礼的行為であるとみなすことができます。例えば，内閣総理大臣の任命（6条1項）の場合，その実質的決定は，国会の指名によって行われると考えられます（67条1項）。もっとも，衆議院の解散（7条3号）のように，実質的決定権の所在が明らかでない場合もあり，国政に関わる国事行為をどのように解すべきかが，学説において議論されてきました。一方の説は，国事行為に対する「内閣の助言と承認」（3条）を実質的決定と見なし，それによって国事行為は形式化・儀礼化されるとします（**結果的形式説**）。他方で，内閣の助言と承認によらずとも，天皇の国事行為は本来的に形式的・儀礼的行為であるとする説もあります（**本来的形式説**）。通説および実務は，7条に基づく衆議院の解散を認めており，「内閣の助言と承認」を実質的決定と見なす，結果的形式説に立っていると考えられます。もっとも，日本国憲法が天皇の国政に関する権限を明確に否定したことに鑑みると，本来的形式説にも説得力があります（衆議院の解散については，第5章を参照）。

（2）　内閣の助言と承認

　天皇の国事行為にはすべて，「**内閣の助言と承認**」（3条）が必要であるとされています。内閣の助言と承認は，通常，閣議によって行われます（閣議につ

国事行為	
内閣総理大臣の任命（6条1項）	国務大臣の任免などの認証（7条5号）
最高裁判所長官の任命（6条2項）	恩赦の認証（7条6号）
憲法改正，法律，政令および条約の公布（7条1号）	栄典の授与（7条7号）
国会の召集（7条2号）	批准書などの認証（7条8号）
衆議院の解散（7条3号）	外国の大使・公司の接受（7条9号）
総選挙の施行の公示（7条4号）	儀式の挙行（7条10号）

いては，第5章を参照）。国会の召集や衆議院の解散といった法的効果を持つ国事行為については，「詔書」の形式がとられており，内閣総理大臣がそれに副署することをもって，助言と承認が示されます。

また，天皇の国事行為については，「内閣が，その責任を負ふ」ものとされています（3条）。このことから，天皇は内閣の助言と承認に拘束され，それを拒否することはできないと考えられています。

（3） 権限の代行

憲法は，「皇室典範の定めるところにより**摂政**を置くときは，摂政は，天皇の名でその国事に関する行為を行ふ」（5条）ことを規定しています。これを受けて，皇室典範は，天皇が成年に達しないとき，および天皇が精神もしくは身体の重患または重大な事故により国事行為を行うことができないと皇室会議によって議決されたときに，摂政を置くこととしています。

さらに，憲法は，「天皇は，法律の定めるところにより，その国事に関する行為を委任することができる」（4条2項）としています。この委任による**臨時代行**は，天皇の外国訪問中などに用いられます。詳細は，国事行為の臨時代行に関する法律によって定められています。

4　天皇の公的行為

天皇は，国事行為のほかにも，純粋な私的行為とは言い難い行為を行ってきました。例えば，国会開会式に臨席して「おことば」を述べたり，国内巡幸や外国訪問に出かけたり，園遊会を開催したりする行為がそれに当たります。しかし，日本国憲法によれば，天皇は「この憲法の定める国事に関する行為のみ

を行」う（4条1項）とされているため，このような行為が許されるかが問題となってきました。

　学説は，「おことば」等の行為は憲法上許されるとする点で，おおむね一致しています。もっとも，その理由については意見が分かれており，大別すると，これらを国事行為に準ずる行為と捉える見解と，国事行為とも私的行為とも異なる**公的行為**として説明する見解とがあります。学説の多数および政府見解は，後者の立場に立ち，公的行為は，天皇の象徴としての地位にふさわしい儀礼的行為として許されるとしてきました（**象徴行為説**）。この説によれば，天皇は，憲法上認められた国事行為を行う権限に加えて，象徴としての地位を持っており，それを維持することが要求されます。しかし，1条の「象徴」にそのような積極的意味を認め，そこから憲法上明文で認められていない公的行為の権限を包括的に引き出そうとすることに対しては，批判も向けられています（上述2（1）を参照）。

　なお，平成の天皇（現上皇）は，2016年に生前退位の「お気持ち」を表明した際に，国事行為に加えて「象徴としての務め」の負担をその理由に挙げました。この発言は，象徴行為説に基づいていると考えられますが，憲法上明文で認められていない公的行為の負担を生前退位の理由とし得るかについては，疑問も呈されています。

5　皇室経済

　憲法は，「すべて皇室財産は，国に属する」（88条前段）ことを定めています。この規定により，明治憲法下における天皇の財産（御料）および皇族の財産は，国有財産に編入されることになりました。また，天皇および皇族の活動に関する費用は，「すべて……予算に計上して国会の議決を経なければならない」（88条後段）とされています。予算に計上する皇室経費の詳細については，皇室経済法がこれを定めています。

　また，憲法によれば，「皇室に財産を譲り渡し，又は皇室が，財産を譲り受け，若しくは賜与することは，国会の議決に基かなければならない」（8条）とされています。この規定には，かつてのように皇室に大きな財産が集中したり，皇室が特定の者と不当な関係をもつことを防ぐ目的があります。

Ⅲ　憲法改正

1　憲法改正とは

　憲法改正とは，憲法所定の手続に従い，憲法典の個別の条項の削除・修正・追加を行うことによって，または新たな条項を加えることによって，意識的・形式的に憲法を変更することをいいます。憲法には高度の安定性が求められますが，時の経過とともに政治や社会は変化し，人々の価値観も変容します。通常は，憲法解釈によってこのような変化や変容に対応しますが，それが不可能な場合には，憲法改正の必要性が生じます。それゆえ，憲法には憲法改正の手続が定められているのが一般的です。

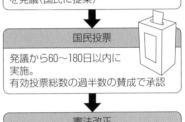

憲法改正の手続

憲法改正原案を国会に提出
衆院議員100人以上もしくは参院議員50人以上の賛成が必要

国会発議
衆参の憲法審査会で審査。衆参の各本会議で総議員の3分の2以上の賛成で可決し，国会が憲法改正を発議（国民に提案）

国民投票
発議から60〜180日以内に実施。有効投票総数の過半数の賛成で承認

憲法改正
天皇が直ちに公布

2　憲法改正の手続

　硬性憲法である日本国憲法は，憲法改正手続について，通常の立法手続よりも厳しい要件を定めています。すなわち，96条1項は，①「各議院の総議員の3分の2以上の賛成」による**国会の発議**と，②「特別の国民投票又は国会の定める選挙の際行はれる投票」での過半数の賛成による**国民の承認**を，改正の要件としています。2007年には，**憲法改正国民投票法**が制定され，国民投票に関する具体的な手続が定められました。また，同法の制定と同時に国会法も改正され，憲法改正の発議に関する手続も，法律によって具体化されています。

（1）国会の発議

　発議とは，国民に提案する憲法改正案を決定することをいいます。国会で発議を行うためには，それに先立って，憲法改正案が国会に提出される必要があります。国会法によれば，「憲法改正原案」の発案は，衆議院においては100人

以上の，参議院においては50人以上の議員の賛成によるものとされており，通常の議案の発議よりも厳しい要件が課されています。また，衆参両院に設置された**憲法審査会**も，憲法改正原案を提出することができるとされています。なお，内閣が憲法改正案の提出権を有するかについては，以前から議論がなされてきました。国会法によれば，法律案の場合と異なり，内閣による憲法改正案の提出は認められていません。

　また，国会法によれば，改正すべき点が複数ある場合には，改正原案の発案は，「内容において関連する事項ごとに区分して行う」ものとされています。このことは，後述のように，国民投票において国民の意思を正確に反映するために，重要であると考えられます。

　提出された憲法改正原案は，両院において憲法審査会で審査された後，本会議で審議されます。憲法改正原案を可決するためには，両院において総議員の３分の２以上の賛成を得なければなりません。その際，法律案の場合と異なり，衆議院の優越は認められていません（立法手続については，第４章を参照）。また，96条１項の「総議員」の意味については，これを法定議員数とする説と，法定議員数から欠員議員数を引いた現在議員数とする説とが，対立してきました。国会法は，この点について明らかにしていませんが，多くの学説は，手続を慎重に進めるために，法定議員数説をとるべきだとしています。

　憲法改正原案が可決されると，そのことによって国会が憲法改正を発議し，国民に提案したものとされます。

（２）　国民投票による国民の承認

　国会の発議の後，国民投票が行われます。憲法改正国民投票法によれば，国民投票は，発議の日から60日以後180日以内に実施されます。国民投票に参加できるのは，満18歳以上の日本国民とされています。

　憲法改正の発議がなされると，憲法改正案の内容を国民に周知するために，両議院の議員各10名で構成される**国民投票広報協議会**が設置されます。協議会は，改正案の内容および国会審議中に出された賛成・反対意見を掲載した国民投票広報を作成したり，投票記載所に掲示する憲法改正案要旨を作成したりするほか，テレビ，ラジオ，新聞などで憲法改正案の広報を行うものとされています。ただし，協議会による広報活動の公平性・中立性に対しては疑問も呈さ

れています。

　また，憲法改正国民投票法によれば，国民投票運動（憲法改正案に対し賛成又は反対の投票をし又はしないよう勧誘する行為）は，原則として自由とされています。このことは，通常の選挙運動が公職選挙法によって様々な制約を課されているのとは対照的です。例えば，選挙運動で使用できるビラやポスターの枚数・形式は公職選挙法によって定められていますが，国民投票運動にこのような規制はありません。公職選挙法では禁止されている戸別訪問も，国民投票運動ではこれを行うことができます。また，通常は政治活動が禁止されている公務員にも，その一部に対して国民投票運動及び憲法改正に関する意見表明が認められています（公務員の人権制約については第8章，選挙運動の自由については第15章）。ここには，国民が萎縮することなく自由に国民投票運動を行い，自由闊達に意見を闘わせることが必要であるという考え方が現れています。ただし，テレビ・ラジオの広告放送は，投票日の14日前から禁止されています。これを表現の自由や知る権利の観点から不当とする見解がある一方，近年では，放送の影響の大きさや資金力のある者が大量の広告を通じて投票結果を左右してしまう可能性などを考慮して，広告放送の規制強化を求める声も強まっています。

　国民投票は，憲法改正案ごとに行われます。すなわち，国民は，個々の改正案について，投票用紙に記載された賛成または反対の文字を丸で囲み，一票ずつ投票します。その趣旨は，国民の賛否の意思をより正確に反映させることにあります。例えば，自衛隊の存在を明記することと，知る権利を明記することが一括して提案され，国民はそれに対して一票しか投じることができないとすれば，どちらか一方のみに賛成する国民の意思は，顧慮されないことになるからです。

　賛成の投票が過半数に達した場合に，国民の承認が得られたことになります。投票における「過半数」の意味については，その母数を有権者総数とするか，投票総数とするか，それとも有効投票総数とするかをめぐって争いがありました。この点について，憲法改正国民投票法は，白票と無効投票とを除いた，有効投票総数を母数としています。なお，同法は，最低投票率について規定していません。しかし，国民のほとんどが投票に参加しない場合にも憲法改

正が可能となってしまうため，投票率が一定の数値より低い場合には，投票を無効とすべきだとする見解も有力です。

　国民投票で過半数の賛成が得られれば，憲法改正は成立します。改正された憲法は，天皇によって直ちに公布されます（96条2項）。

3　憲法改正の限界

　憲法の改正については，その限界を認めるべきかが議論されてきました。学説においては，無限界説も主張されていますが，多くの論者は**限界説**をとり，憲法改正に法的な限界を認めています。もっとも，限界説においても，その論拠をめぐっては見解の対立が見られます。第1に，憲法制定権と憲法改正権の性質の違いから，改正の限界を説明しようとする説があります。この説によれば，憲法改正権は，憲法制定権によって創設された権限であるに過ぎず，憲法制定権によって決定された憲法の中核的内容を，変更することはできないとされます。これに対して，第2の説は，憲法制定権と憲法改正権の同質性を前提としながら，改正の限界を認める立場をとります。すなわち，憲法制定権は，実定法を超える価値の総体である「根本規範」によって拘束されており，憲法制定権を憲法典中に規範化したところの憲法改正権にも，その拘束が及ぶとされます。なお，改正できない憲法の具体的内容については，各説において様々な見解がありますが，論者のほとんどは，基本的人権の尊重，国民主権，平和主義という日本国憲法の三大原理の中核的内容を挙げています。

　このような，憲法改正権の本質に基づく理論的な改正の限界に加えて，日本国憲法が改正の限界を定めているかも問題となります。諸外国の憲法には，一定の内容の改正を明文で禁じたものもありますが，日本国憲法にそのような規定はないからです。この点について，多くの学説によれば，日本国憲法は改正の限界を規定していると考えられています。というのも，11条および97条が基本的人権を「侵すことのできない永久の権利」としていること，前文が「人類普遍の原理」である国民主権に反する憲法を排除するとしていること，また9条1項が「国権の発動たる戦争と，武力による威嚇又は武力の行使」を「永久に放棄」すると規定していることから，三大原理の改正は禁止されていると解釈できるからです。

第**4**章 国　　会

あら残念だったね。私も、国会中継の時は朝ドラ受けが短くなっちゃうからつまんないわ…

せっかく好きなバンドのメンバーが、朝の情報番組のトークゲストなのに、国会中継で時間が短縮になっちゃったよ…

でも私たちが国会でどういう議論が行われているか知ることは、とっても大事なことのはずだわ。そうですよね、博士？

そうじゃのう。国会は議員が国民に直接選ばれているからだけではなくて、国民みんなが見ることのできる公開された議論をするからこそ、重要な国家機関だと言われておるんじゃよ。

まあ、法律上、委員会は…

でもさあ、少し前はずっとうちわがどうだとか話してたし、もっと前は、議論というよりは乱闘していたよ！

うちわ？乱闘…？

はじめに

　国民の声が国会に届いていないという主張を耳にすることも多いと思います。しかし，国会前に集まったデモ隊が発する「国民の声」と，「国民代表」であるはずの国会議員（43条参照）の議論に差が生じるのはなぜでしょう。そして，そもそも国会とは，どのような組織でどのような権限を持つものなのでしょうか。第4章では，憲法が定める国会のありようを説明します。

I　国会の地位

1　国権の最高機関

　「国会」という題のついた日本国憲法の第4章は，その冒頭，41条において，「国会は，国権の最高機関であって，国の唯一の立法機関である」と規定しています。このうち，「国権の最高機関」を，国会が文字通り，内閣や裁判所に上から指図する地位に立つと捉えてしまうと，権力分立（→第1章）の考え方に反した結果を招いてしまいます。そのため，通説は，主権者である国民に最も近い国家機関として国政において中心的な役割を果たすということを言い表したものに過ぎないと理解しています（**政治的美称説**）。他方で，通説は国会の軽視につながるとして，どの機関に属するのかはっきりしない権限がさしあたって国会のものであると推定したり，重要な事項について国会が決定しなければならないという意味を持たせたりする見解も有力です。

2　唯一の立法機関
（1）　立法の意味

　憲法41条は，国会を「国の唯一の立法機関」であるとしています。そもそも，ここで問題となっている「立法」とはどのようなものなのでしょうか。

　立法の意味としてまず考えられるのが，**形式的意味の立法**と呼ばれるものです。これは，「法律」と名前のつくルールを制定するということです。「法律」とは，憲法に次ぐ効力を持つ，国会が制定したルールのことです。しかし，これでは，憲法41条後段は，国会だけが，国会が制定する「法律」という名前のルールを制定できるという意味になってしまいます。そこで，ルールの内容に

着目して，特定の内容を伴うルールは，国会しか制定できないという意味に理解しようとする，**実質的意味の立法**概念が登場します。

　実質的意味の立法とは，伝統的には，例えばある種類の出版物の発行を禁止するように国民の権利を制限したり（これは表現の自由や経済活動の自由という権利の制約です），あるいは，国民に，税金を納める義務など，義務を課したりといった内容を持つルールを制定する作用であると理解され，現在でも，立法実務ではこの考えが前提とされています。これに対して，憲法学の通説的見解は，特定の人間や事象のみを適用対象とするのではなく，一般的に適用される内容を持つルールの定立が実質的意味の立法であるとして，対立しています。

（2）　国会中心立法の原則

　実質的意味の立法が国会に独占されることを**国会中心立法の原則**と呼びます。しかし，社会の複雑化に伴って，ルール制定に迅速性や専門技術性が求められることが多くなり，実質的意味の立法が，行政によってなされる必要性が生じ，国会中心立法の原則の例外として，国会が内閣以下の行政機関に実質的意味の法律の制定を委ねる，**委任立法**が認められています（なお，日本国憲法のもとでも，73条6号但書が，国会の委任があれば，刑罰という，最も厳しい自由制約についても，内閣の政令によって定めることもできるとしています（→第5章）。この規定は，日本国憲法が委任立法を許していることを前提としたものと理解されているのです）。ただし，委任立法にあたっては，法律による委任の範囲が明確であり（白紙委任の禁止；例えば，「政令に定める行為を処罰する」というように，処罰対象を政令に「丸投げ」してしまうような場合が白紙委任とされます），実際の委任立法の規律内容が委任の範囲内にとどまっていなければなりません。判例は，白紙委任であるとして委任立法を違憲無効にしたことはありません（参照，最大判1974年11月6日〔猿払事件〕）が，委任の範囲を超えた委任立法を違法であるとして無効にすること（比較的新しいものでは，医薬品のインターネットでの販売を禁止した厚生省令を無効とした最大判2013年1月11日が有名です）は比較的多く見られます。

　この他，憲法自身が明示的に認める，国会中心立法の原則の例外として，国会両院の**議院規則**（各議院単独で定められるので，衆参両院での手続を経て制定される法律とは異なります）の制定権（58条2項），**最高裁判所の規則制定権**（77条）があります。

（3）　国会単独立法の原則

「国の唯一の立法機関」の意味内容として，国会中心立法の原則に並んで，**国会単独立法の原則**が挙げられています。国会単独立法の原則とは，法律の制定は国会限りで成立し，他の国家機関の介入を受けないということです。

明治憲法においては，法律の成立には天皇の裁可（6条）が必要とされていたのに対して，このような制約がなくなったのです。もっとも，日本国憲法においても，法律は天皇によって**公布**されることになっています（7条1号）。そして，この公布が私たち国民にとって法律が効力をもつための条件であると考えられているのです。これについては，1つには憲法自体が認めた例外であると理解する見解があります。また，公布がなくても法律自体は成立しているので，国会単独立法の原則には反しないとも説明されます。

また，国会単独立法との関係で，内閣に法案提出権があるかが論じられています。この点，前提として，内閣に法案提出権を認めても，国会議員の法案提出権は否定されませんし，法案の審議・議決という，立法手続にとって中心的な部分は国会に独占されています。さらに，次のような理由を挙げて内閣の法案提出権を認める見解が一般的です。つまり，①憲法72条が法案提出権を認めていると見る余地があります。つぎに，②議院内閣制（→第5章）が採用される日本国憲法においては，内閣が責任をもって法律案を提出することがむしろ求められるともいえます。最後に，③内閣の法案提出権を否定しても，政権与党の議員による法案提出がなされることになり，実質的に意味がないことなどです。現在の内閣法も内閣の法案提出権を前提とした規定を置いています。

また，95条が定める**地方特別法の住民投票**（→第7章）は，憲法が明文で認めた国会単独立法の原則の例外です。

3　国民代表機関としての国会

43条1項は，「両議院は，全国民を代表する選挙された議員でこれを構成する」と規定しており，国会を国民代表機関と呼ぶこともあります。

ところで，皆さんは，ある選挙区選出の議員は，その選挙区の有権者の意見を代弁する者だと考えているかもしれません。しかし，憲法学では，「代表」といっても，自分を選出した選挙区民の意思に国会議員がしばられることを意

味しないと理解されているのです（命令委任の否定）。43条1項が，国会議員を選挙区民ではなく，「全国民」の代表としている趣旨は，この命令委任の否定を意味していると理解されています。このように考えるわけは，議員たちが選挙民の意見に拘束されることなく，議会において自由な議論を通じて，国全体の利益を見出すべきだと考えられるからです。他方で，このような説明には，エリート主義的な発想も見え隠れし，選挙権が一般の庶民にも広がるのに伴って，有権者たちの声を政治に反映する必要性が高まりました。そこで，選挙民の意思に従わなければ議員の地位を奪われるというようなことは否定しつつ，議員は次の選挙でも選ばれるために，実際上は選挙民の意思に配慮するのが避けられない状況が生じているし，選挙民への配慮がもとめられると考えられるようになっています。他方で，有権者の声とは漠然としたもので，多分にフィクションです。それなのに，議員を有権者の単なるメッセンジャーのように捉え，議員間の丁寧な議論の可能性を閉すべきではないでしょう。

Ⅱ　国会の構成・運営

1　両院制

（1）　両院制の意義

　憲法42条は，国会が衆議院と参議院から構成される両院制（二院制）を採用することを規定しています。

　両院制には，いくつかの種類があります。1つには，前近代から近代への過渡期に多く見られた，異なる身分を代表する議院を並置する場合（**貴族院型**：貴族院の権限はかなり形式化していますが，現在でもイギリスはこれにあたります）があります。これに対して，両議院ともに民主的に議員が選挙されるものを**民選型**と呼びます。

　次に，国家の中に，州などと呼ばれる，一定程度独立した準国家を抱え，そこからの権限移譲を受けて連邦政府が成立している連邦国家においては，連邦全体を代表する議院と州を代表する議院を並置させる場合（**連邦制型**；アメリカはこの典型です）があります。これに対置されるのが，**単一国型**です。

　貴族院型や連邦制型の場合には，貴族と一般国民をそれぞれ代表したり，連

邦と州をそれぞれ代表したりするために，複数の議院をおく必要性を比較的容易に認めることができます。他方で，日本のように連邦制国家ではなく（単一国型），両議院とも全国民を代表する民主的な議員の選出が想定される（43条1項；民選型）制度については，なぜ2つの議院が必要なのかが問題となりえます。実際，マッカーサー草案（→第2章）が一院制を規定していたことも有名です。

　実際に，かつて与党が参議院においても過半数を占めるのが常態化していた際には，参議院は「衆議院のカーボンコピー」などと揶揄され，無用の長物扱いされました。一転，衆議院と参議院の多数派が異なる，「ねじれ国会」がしばしば登場して，「決められない政治」が問題化した時には，「強すぎる参議院」が問題視されました（参議院の権限の大きさは，最高裁判決の指摘するところともなっています）。これは，フランス革命時の「第二院が第一院と一致するならば無用であり，反対するならば有害である」というシェイエス（1748-1836）の言葉をまさに地で行くものでしょう。

　一般には，単一国家であっても，人口の多い国では両院制が採用されていると指摘され，数多い国民の中に多様に存在する民意の反映と，下院における慎重な審議と反省を求める意味で両院制は有意義であると説明されます。多様な民意の反映に注目するのであれば，各議院の議員の選出方法が多角的な民意の反映を可能とするものとなっているかが重要です。（→2でこれを扱います）

（2）　衆議院の優越

　両院制は，議院相互が対立する可能性をはらんでいます。日本国憲法も，衆議院と参議院の対立が解消できず，必要な決定ができない状況に陥ってしまうことを防ぐため，衆議院の優越を定めています。衆議院を優先させる理由は，衆議院の方が参議院よりも任期が短く，任期途中の解散も想定されており（7条3項・45条・46条・69条参照），民意に近い議院だからです。

　具体的な内容を紹介すると，まず，衆議院の議決を国会の議決として扱う場合があります。予算や条約承認，内閣総理大臣の指名について，両院の議決が異なる場合，衆議院の可決後，一定の期間内（予算・条約承認は国会開会中30日以内［60条2項・61条］，内閣総理大臣の指名は国会開会中10日以内［67条2項］）に参議院が議決をしない場合（自然成立）です。法律案の議決については，参議院

が衆議院と異なった議決をした場合（衆議院の議決後，国会開会中60日以内に参議院が議決しない場合も同様です［みなし否決；59条4項］），衆議院が出席議員の3分の2以上の多数で再び可決したときは，衆議院が議決したものが法律となります（再可決：59条2項）。なお，両院の議決が異なった場合，予算，条約承認，内閣総理大臣の指名については必ず，法律案については任意で，両院の協議の場（両院協議会）が設けられます。もっとも，現在の運用上，実際にはここで妥協が成立することは望めない仕組みになっています。とりわけ法律案の再可決のハードルは高く，また，予算が成立したところで，予算にしたがってお金を出す対象となる活動を行う権限を定めた法律が成立しなければ意味がないという場合も生じます。このような点から，参議院の権限は大きいと指摘されるのです。

この他，予算先議（60条1項）も衆議院の優越の一つに位置付けられます。先に審議することで，衆議院に審議の主導権を与え，また，自然成立の起算点の設定を可能にするという意味で，優越だとされるのです。また，不信任決議により内閣を退陣に追い込む権限は，衆議院にのみ与えられています（69条）。

2　選挙制度と政党

（1）　現行の選挙制度

1（1）の最後に述べたように，両院制を意味あるものにする上で，各議院の構成員がどのように選出されるかが重要です。似たような議員から構成される議院が併存するのであれば無駄なだけだということです。

日本国憲法は，先に述べたように43条1項で民選型の両院制が採用されることを示唆しています。しかし，議員資格における差別禁止（44条後段），衆議院議員4年（45条），参議院議員6年（ただし3年ごとに半数改選；46条）の議員任期を定めるほかは，定数（43条2項），議員・選挙人の資格（44条前段），選挙区や投票の方法など選挙に関する事項（47条）について，法律による決定に委ねています。一部では，諸外国と比較して，法律に委ねる範囲が広すぎるとも指摘されますが，以下では，現行法上の両議院の選挙制度について概要を紹介することにしましょう。（→選挙権につき第15章）

①　衆議院　　衆議院議員の選挙は，長らく「**中選挙区制**」と呼ばれる，1

衆議院		参議院
4年	任期	6年（3年毎に半数改選）
465人 選挙区289 比例代表176	定数	248人 選挙区148 比例代表100
25歳	被選挙権者年齢	30歳
選挙区：289選挙区 比例代表：全国11ブロック	選挙方法	選挙区：都道府県単位 *（定数2～12）45区 *合区（鳥取・島根， 　徳島・高知）あり 比例代表：全国1区
あり	解散	なし

つの選挙区から3～5名の議員を選出する方法が採られていました。しかし，
同じ政党からも複数の候補が同一の選挙区に立候補できるので，党全体よりも
党内のグループ（派閥）の支持・支援が重要となり，これが与党内における派
閥の力関係に配慮した派閥順送りの首相や国務大臣の交代につながり，国民に
は理解が難しい政権の変更劇も展開されました。また，少数派も，中選挙区制
のもとでは一定の議席獲得が可能なため，無理に候補者を多く立てて落選者を
出すことを嫌い，過半数に達しない候補者を擁立するに止めるなど，政権奪取
を目指さない「万年野党」が定着しました。このような事態が批判され，1994
年の「**政治改革**」によって，1つの選挙区から1人だけが選出される小選挙区
制と，政党ごとの獲得票数に比例した形で議席を配分する比例代表制を組み合
わせた，**小選挙区比例代表並立制**が導入されて，現在に至っています（→第5
章）。小選挙区制は，大政党に有利であり，少数派が代表を選出することが難
しく（逆にいえば，このために政治勢力が二大ブロックに収斂し政権交代可能な二大政
党制が実現されると説明されました），これを批判する論者も多く見られますが，
最高裁は，選挙制度の決定について国会の広い裁量を認め，重複立候補制や比
例代表制を含む現行の制度を合憲としています。

　小選挙区から289名が，全国を11のブロックに分けて，政党が提出した名簿
順位順に当選者が確定される（**拘束名簿方式**といいます）比例代表選挙から176
名が選出されることになっています。なお，衆議院では，小選挙区選挙と比例
代表選挙に重複して立候補することも認められます。

② 参議院　参議院議員選挙は，基本的に都道府県を一選挙区とする（例外として，鳥取・島根，徳島・高知の「合区」があります）選挙区選挙（定数148名）と，全国一区の比例代表選挙（定数100名）を組み合わせたものです。

選挙区選出の部分については，45選挙区のうち実に7割以上を占める32区が定数2名となっています（この他は，東京都選挙区は12名，埼玉県，神奈川県，愛知県，大阪府の4選挙区が8名，北海道，千葉県，兵庫県，福岡県の4選挙区が6名，茨城県，静岡県，京都府，広島県の4選挙区が4名です）。つまり，3年ごとに半数が改選されるため，多数の選挙区が実質的に小選挙区制となるのです。

比例代表選出の部分については，1982年の公職選挙法改正までは，全国区と呼ばれる，全国一区で候補者個人に投票する仕組みが採られていました。これでは，当選のために全国的な知名度や支持基盤が必要とされ，いわゆるタレント候補や，各種業界団体や業種別労働組合を基盤とする候補が目立つようになり，批判を受けました。そこでまずは，現在の衆議院と同様，政党に投票し，政党提出名簿順に当選者が確定される拘束名簿方式の比例代表制が導入されました。2000年からは，政党に加えて，政党が提出した名簿に掲載された個人に投票することができ，当選は名簿掲載順位ではなく，個人名での得票が多い順に決定される**非拘束名簿方式**の比例代表制選挙となっています（もっとも，2018年に優先的に当選する候補を定められる，特定枠制度が導入され非拘束名簿方式と整合的なものなのか疑問視されています）。現行制度では全国区時代と同じ弊害が生じるのではないかという批判もあります。なお，参議院では，選挙区選挙と比例代表選挙の重複立候補は認められていません。

このように見てくると，参議院も小選挙区と比例代表制の併用に近い仕組みになっており，両院の選挙制度がかなりの程度類似していることがおわかりいただけるでしょう。

関連して，参議院が都道府県代表としての役割を担っているという議論も有力に主張され，かつては判例もそのような趣旨を述べていました。しかし，参議院議員も全国民の代表とされていること（43条1項）との緊張関係を指摘する批判も強く，最高裁も事実上これを放棄しています。

（2）政　党
政党とは，広い意味では，政治上の主義・主張を同じくする人々が，政治権

力の獲得や行使を目的として，結成する団体のことです。皆さんは，政党というと国会議員で構成される団体だと思っているかもしれませんが，学問上は，議員たちだけではなく，議会外で議員団と連携する国民を含めた集合体を政党と位置付けていることが重要です。政党は議員選出の重要な媒体ともなっており，（1）で見たところだけでも，比例代表選挙では，投票先が政党になっていたり，政党の名簿に掲載されることが必要とされていたりと，政党は議会制民主政において重要な役割を担っています。日本国憲法は，ドイツなどとは違い，政党についての規定を置いていませんが，もちろん政党の存在を認めていないわけではありませんし，判例も，日本国憲法が採用する議会制民主主義の中での政党の重要性を強調しています（最大判1970年6月24日〔八幡製鉄事件〕）。

3　国会の運営方法

（1）　会期制

　国会は常に活動しているわけではなく，天皇による召集を受けて開会し，開会ごとに会期の期間が決められ，それが経過すれば閉会することになっています（会期制）。これは，ヨーロッパでは歴史的に君主の相談に応える機関であった議会が，君主が必要とする場合に召集されていたことに由来します。しかし，複雑・多様化する現代社会にあって，このように前時代的な会期制を維持する必要があるのかについては疑問もあります。とりわけ，国会法に規定される**会期不継続の原則**（会期中に議決に至らなかった案件は次の会期には継続せず，原則として廃案となること）については，与党側の強行採決や野党側の審議拒否などを生み，充実した審議を妨げているとして，廃止論も根強いところです。

　会期の種類として，**常会，臨時会，特別会**の3つが存在します。ニュースなどでは通常国会と呼ばれる常会については毎年1回これを開催することとされており（52条），国会法では毎年1月に召集されることを原則としています。国会法によれば，常会の会期は150日間とされており，両議院一致の議決によって1回の延長が可能です。審議できる事項が制限されるわけではありませんが，常会では，予算の議決が重要な課題となります。ニュースなどでは臨時国会とよばれる臨時会は，必要に応じて召集され，内閣がこれを決定しますが，国会のいずれかの議院の総議員の4分の1以上の要求があれば，決定しな

ければなりません (53条)。ただし，議員による要求に基づく場合であっても，召集時期は内閣の裁量により決定できるというのが政府の見解で，近く常会の召集が予定される場合に，臨時会を召集しなかった例や，召集までに時間が空いた上に，臨時会の冒頭に衆議院が解散され，実質的な審議が行われなかったことがあります。これらについては，憲法に違反しているという見解が有力です。ニュースなどでは特別国会とよばれる特別会は，衆議院が解散され行われた総選挙の日から30日以内に召集される会期です (54条1項)。ここでは内閣総辞職と新たな内閣総理大臣の指名が行われます。国会法によれば，臨時会と特別会の会期は両議院一致の議決で決定され，同じく両議院一致の議決で2回までの延長が可能です。

　衆議院が解散された場合，参議院も同時に閉会となります。衆議院の解散中に，緊急の必要性が生じた場合，内閣は**参議院の緊急集会**を求めることができます (54条2項：これは会期には含まれません)。緊急集会での措置は臨時のものとされ，次の国会が開会されたのち10日以内に衆議院の同意が得られなければ無効となります (3項)。

（2）　議事手続

　憲法56条1項は，議事・議決双方を行うにあたって，一定数の議員の出席を求める，**定足数**の制度を定めています。具体的には総議員の3分の1以上の出席が必要とされます。なお，ここにいう「出席」が物理的に議場にいることを要求するものか，オンライン等での参加を認めるものか，新型コロナ禍以降議論になっているところです。

　本会議の議決方法は，出席者数に対する単純多数決制が原則とされ，可否同数の場合には，議長が決裁権を持ちます (56条2項)。単純過半数の例外として，憲法は，重要な決定や例外的な措置をとる場合には，慎重な決定を行うため出席議員の3分の2以上とする定め (55条但書，57条1項，58条2項但書，59条2項) をいくつか置いているほか，憲法改正の発議については，総議員の3分の2以上としています (96条)。

（3）　会議の公開

　57条1項は「両議院の会議は，公開とする」として，本会議について公開原則を定めています。ただし，出席議員の3分の2以上の賛成で議事を公開しな

い秘密会とすることができます（57条1項但書）。

　議事の公開により，国民による監視と責任追及が可能となり，また，世論を喚起することが可能となります。したがって，議事の公開は国会に重要な事項の決定を委ねる根拠にもなり，大きな意義を持ちます。

（4）　委員会制度

　憲法上規定はありませんが，国会法上，**委員会制度**が導入されています。中央省庁に基本的に対応する形で設置される**常任委員会**と，議院において特に必要と認める案件または，常任委員会の所管に属しない特定の案件を審査するために設置される**特別委員会**があります。

　国会における審議のあり方については，**委員会中心主義**が採用されており，実質的な審議は本会議ではなく委員会において行われます。また，委員会には，率直な議論を確保するため，公開原則の要請は及ばないと考えられています。もっとも，皆さんもニュースなどで予算委員会などの様子を見ることがあるかもしれませんが，委員会もむしろ原則的に公開されているに等しいのが実際です。

Ⅲ　国会の権限

1　立法権

　立法権限は，何といっても国会に与えられた権限のうち中心的なものです。すでに，Ⅰ2で「国の唯一の立法機関」の意味を説明するにあたり触れたように，実質的意味の法律を制定する権限のことです。

2　財政についての権限

（1）　財政民主主義

　現在の議会の出発点をなす前近代の身分制議会が，そもそも，君主による課税にあたって各身分の同意を得るためのものであったこと，アメリカ独立戦争における「代表なくして課税なし」というスローガンなどからもうかがえるように，財政の統制は議会の本来的かつ重要な役割に位置付けられます。日本国憲法も，第7章に財政に関する独立の章を設けています。その総則的条文であ

る83条では，国会の議決に基づく財政処理の原則が規定されており，これを**財政民主主義の原則**と呼びます。

（2）　収入面に関する国会の統制（租税法律主義）

国の収入の基礎をなす租税については，84条が**租税法律主義**を規定し，租税を新たに課したり，変更したりするのは，法律で定めることが要求されています。この租税法律主義は，租税の種類や課税根拠のみならず，納税義務者，課税物件，課税標準，税率等の内容，さらには，賦課徴収の手続方法に関してまで明確に規定することを求めていると解されています。

判例（最大判2006年3月1日〔旭川国保事件〕）によれば，そもそも租税とは，見返りとしての財物やサービスの提供がなく，国がその経費に充てるために，強制的に徴収する金銭のことをいいます。

（3）　支出面に関する国会の統制（予算・決算等の仕組み）

支出面については，会計年度毎の予算による基礎づけが要求されます（85条・86条；予算単年度主義）。この予算は，内閣による作成・提出を経て，国会が議決します。また，不測の事態に備え，内閣の責任で支出が許される**予備費**の制度も87条は認めています。これについても，国会の議決による設定と，支出についての事後的な国会の承諾を要求しています。なお，憲法は，皇室の財産授受（8条）や皇室の費用の処理（88条；予算に盛り込むことを求めています）も国会の統制に服することにしています。

90条1項の規定により，内閣は**決算**を作成し，国会に提出することが求められています。文言上，国会の承諾までを求めていないこともあり，承認の議決は議院毎になされ，不承認であっても効力は否定されないとされます。

（4）　その他の財政に関する規律

この他，国会による財政統制に関する規律として，91条は，最低年1回の，財政状況に関する国会への定期的な報告を内閣に求めています。

さらに，国会による統制とは直接関係がありませんが，89条が公金その他の公の財産の支出等について制限を設けています。宗教上の組織・団体への支出等を禁じた89条前段については，政教分離原則（20条→第11章）を財政面から規定したものと理解されています。他方，公の支配に属しない慈善，教育，博愛の事業への支出等を禁じた後段の意味については，これを厳格に捉えると現

行法上行われている私学助成なども違憲となってしまうおそれがあり，議論があります。この点，慈善，教育，博愛といった美名のもとに公金の無駄遣いがないよう戒めた条文だと理解して，「公の支配」の意味を無駄遣いのないよう監督がなされていれば良いというように緩やかに解する見解が有力です。

3　条約承認権

　伝統的に外交は政府の役割であるとされてきました。日本国憲法も，73条2号で「外交関係の処理」を内閣の職務に位置付けています。しかし，本来であれば国会の権限に服するような事項が，国際法において決定されてしまう場合もないわけではなく，現在のようにグローバル化が進んだ時代においては特にそれが当てはまります。少し前のことになってしまいますが，例えば，TPP（環太平洋経済連携協定）を巡って，テレビなどで，交渉過程が国会に明らかにされないことを問題視する意見が聞かれたこともありました。

　1946年に制定された日本国憲法はこういった問題意識を十分に持っているとはいえませんが，条約の締結にあたっては，国会による承認を必要であるとしています（73条3号但書）。もっとも，国家間の約束である条約全てに承認が必要なのではなく，①法律で定めるべき事項，②財政に関係し国会の議決を経るべき事項，③その他政治的に重要な事項を扱う条約について，承認が要求されるのだと理解されています。この承認は，事前（条約が国際法上日本にとって発効する前）に行われるのが原則で，例外的な場合にのみ事後の承認が許されるのだと理解されています。事後の承認が得られなかった場合，国内法上は条約が効力を持たないのは当然として，国際法上の効力が問題となります。国内法上の手続に不備があることを条約が無効となる理由として持ち出すことは認められないというのが国際法上のルールですが，国内法違反が明白でありかつ基本的な重要性を有する場合には，例外的に持ち出せるとされており（条約法に関するウィーン条約46条），この条件を満たす限りで，国際法上も条約は無効となると解する見解が有力です。

　条約承認にあたって，条約の内容を修正できるかも争われてきました。しかし，条約の締結には相手国が存在します。相手国の同意がなければ，条約の内容を変更することはできないので，実務上修正権は否定されています。

4 行政に対する批判・監視を行う権限

　以上のほか，国会が内閣以下の行政機関の活動について，批判・監視の権限（統制権）を持つことは，とりわけ議院内閣制（→第5章）の下では当然のことと理解できます。先に述べたように，中央省庁に対応する形で両院の常任委員会が設置されていることも，この行政統制を容易にするものですし，答弁や説明のための国務大臣の国会への出席義務（63条）も行政統制権の表れです。各議院の権限とされていますが，のちに詳しく述べる国政調査権（62条）や，憲法に規定はありませんが，国務大臣等に対する非難，不信任・問責決議，内閣による任命人事に対する同意制度なども行政統制権に含まれます。

　なお，行政統制権の行使については，議院内閣制のもと内閣の支持派が議会の多数を占めることが基本的に想定されることを考えると，きちんとした統制が行われるためには，国会や議院の権限というより，議会少数派（野党）の権限として理解する必要性も指摘できます。

5 司法権との関係で認められる権限

　憲法64条1項は，裁判官の罷免を決定する弾劾裁判所を設置する権限を国会に与えており，弾劾裁判所は両議院の議員によって構成されるものとされています。また，国会法は，裁判官を弾劾裁判にかけるかどうかを決定する裁判官訴追委員会も国会議員によって構成されるとしています。

IV　議院の権限

1 議院自律権

　議院自律権とは，国会の議院がそれぞれ独立した存在として認められる，内部規律に関する自主決定権のことです。大きく，①組織形成に関するもの，②運営に関するもの，③財務に関するものに分けることができます。

　①については，憲法は，構成員である議員の資格に争いが生じた場合に司法裁判所の権限を排除して議院が裁判を行うことのできる，**資格争訟の裁判**（55条）や，**役員を選任**する権限（58条1項）を認めています。

　②については，議院における手続についてルールを定める権限がその中心を

なすとされ，憲法も58条2項が，構成員である議員の懲罰を含めて（除名については限界も設定しています）明文で規定しています。これをうけて，衆参両院はそれぞれの議院規則を定めています（→Ⅰ2（2））

③について，独立した財政基盤を持つことは自律にとって重要なことです。憲法は直接触れていませんが，国会法や財政法に一定の規定があります。

2 国政調査権

62条は，両議院の権限として国政調査権を認めています。これは，証人の出頭や証言，記録の提出を強制することも認める強力なものです。テレビなどで，国会の証人喚問が取り上げられるのをみたことがある人もいるでしょうが，証人喚問はまさにこの国政調査権の行使なのです。

国政調査権は，先にも触れたように，行政を監視し統制を加えるにあたって重要な意義を持つものですが，プライバシーなど国民の権利を侵害する恐れや，憲法上認められた他の国家機関の権限を害する可能性も含むものであり，その性格付けを巡って議論が行われてきました。具体的には，国会や各議院の権限行使にあたって補助手段として認められる範囲に止まるという**補助的権能説**と国権の最高機関たる国会の両議院に認められた独立の権限であることから制限を極力否定する**独立権能説**が対立しました。「国権の最高機関」という言葉に法的な強い意味を見出す見解が支持を失っていったこと（→Ⅰ1），司法権の独立（→第6章）の侵害への危惧などから，学説では補助的権能説が通説となっています。下級審裁判例でもこれを採用したものがあります。

Ⅴ　国会議員の特権

1 歳費受領権

古くは，議員職を無給の名誉職ととらえ，財産に余裕があって初めて議員になるにふさわしいという考え方もありました。しかし，政治の大衆化にも伴い，労働者階級から議員になる者が出てくるとともに，裕福な人間だけが議員になれるという仕組みも問題があると考えられ，報酬が支給されるようになりました。日本国憲法も議員は「**相当額の歳費を受ける**」としています（49条）。

2　不逮捕特権

　50条は，国会議員は法律の定める場合（国会法は，院外の現行犯逮捕と所属議院の許諾の存在を例外とします）を除いては，国会の会期中逮捕されないと規定し，会期前に逮捕された場合も，所属議院の要求があれば会期中釈放しなければならないとも規定します。これが**不逮捕特権**です。

3　免責特権

　国会議員は，議院で行った演説・討論・表決について，院外で責任を問われません。これを**免責特権**と呼びます。免責特権は，国会議員の活動を他の権力の介入から守り，議院内において自由闊達な討議が行われるものを確保する意図で設けられたものです。院外で責任を問われないというのは，民事上・刑事上の法的責任を追及されないということです。ただし，議院自律権の発動として議院内の懲罰をうけることや，院外においても政治的責任が問われることはありえます。

はじめに

　内閣は、いわば国政の「舵取り役」です。国の三権の中では、**行政権を行使**し、第4章でみた国会のコントロールを受けつつ、また国民の直接の代表機関である国会と協働しながら、国の政治を取り仕切る役割を担っています。ここでは、イメージとして、権力分立図のうち民主政の過程を担う国会と内閣の部分を切り取り、その両者の関係をクローズアップして見てみることにしましょう。

I　内閣と国会の関係

1　議院内閣制

　内閣（政府）と国会（議会）は、協働作業で政治を行う国家機関です。民主政治を実現するためには、政府の政治的決断力や機動性も大事ですが、同時にその政治にいかに国民の意思が反映されているかということも大事です。したがって、政府と議会の間には協力のための強いパイプが必要です。言い換えるならば、行政権を行使する内閣は、国会の信任を得て政治の舵取りをする役割を担っていますが、主権者たる国民を直接代表する国家機関は国会の方ですから、内閣は、国会に反映された民意（国民の意思）に従って国政を行っていくことが期待されます。この内閣と国会の協働作業の仕組みを議院内閣制といいます。つまり、**議院内閣制とは、政府と議会が分立していることを前提に、議会が政府をコントロールする政治制度**なのです。

　この制度は、イギリスにそのルーツを持っています。イギリスは立憲君主制の国家ですが、かつては内閣の補佐を受けながら国王が政治の主導権を握り、議会——特に民選の下院（庶民院）は、その対抗勢力として存在していました。しかしイギリスでも、国王から国民の手へ、政治の実質的な主導権が次第に移行していく民主化が進行し、19世紀はじめ頃には、議院内閣制が成立しました。すなわち、政府（国王。のちにその権限が弱まり、内閣）が政策を実行するためには、議会（特に下院）の多数派の意思を尊重しなければならず、もし議会がその政府をもはや信任しないとする不信任決議を行った場合、その対抗手段として政府は議会を解散できるという制度ができたのです。このような議院内

閣制は，議会と政府が協働しつつ，議会の多数派によって信任を得た政府が政治を行います。また，政府は議会に対して責任を負います。ここで政府が負う責任とは政治責任であり，具体的には，議会に対する説明や辞職などによって責任を果たすことを意味しています。

　これに対し**大統領制**は，政府と議会の相互の独立を前提に，大統領が政治の主導権を握ります。とりわけ，その成功例とされるアメリカ合衆国では，大統領も国民によって選挙されるため，議会に責任を負うことはありません。大統領には，議会の解散権はなく，議会への法案提出権もありません。また議員も，政府の職務を兼務することが禁止されています。このように大統領と議会との分立をより

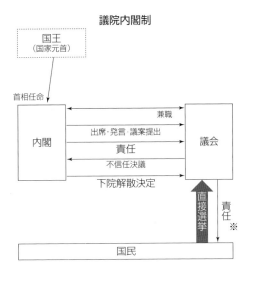

議院内閣制

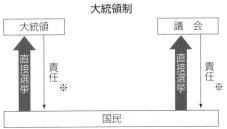

大統領制

＊国民に対する説明や辞職によって責任を果たします。国民の側からの責任追及の具体的な方法は再選の拒否です。

徹底することで，大統領は政治の担い手として，強いリーダーシップを発揮することができます。

　日本国憲法は，衆議院の不信任決議によって内閣が衆議院を解散するか総辞職するかを決定する69条，内閣が国会に対して連帯責任を負うとする66条3項，国会による内閣総理大臣の指名を定めた67条，国務大臣の過半数は国会議員でなければならないとする68条1項，国務大臣が行政権の行使について報告・説明義務を負う63条などの規定をもつことなどから，国会と内閣の協力によって政治を行う議院内閣制を採用していると解されます。

もっとも，イギリスモデルの議院内閣制は，２つの主要政党が議会内で競い合う二大政党制を前提としています。日本でも，1994年の公職選挙法改正により，衆議院議員の選挙で小選挙区制を採用しました（正確には，小選挙区制と比例代表制という２つの方式でひとつの選挙を行う「小選挙区比例代表並立制」（→第４章））。小選挙区制は二大政党制を生み出す可能性の高い選挙制度であり，この改正によってわが国も二大政党制の実現を目指していると説明されます。

2　衆議院の解散

　衆議院の解散とは，すべての衆議院議員について，任期満了前にその議員としての身分を失わせることをいいます。69条は，衆議院が内閣不信任決議を出した場合，衆議院が解散されるか内閣が総辞職をしなければならないと定めています。日本国憲法は衆議院（下院）にのみ解散があり，参議院（上院）には解散を認めていません。そのため，参議院が同様の決議（参議院のこのような決議は「問責決議」）を行っても，それには何ら法的効果は発生しません。衆議院の解散は，内閣と国会の権限の均衡を維持するために，あるいは内閣の政治責任追及のために，議院内閣制の核心にある制度といえるでしょう。

　衆議院が解散された場合，国会は閉会となり，衆議院の総選挙が行われます（54条２項）。選挙の後，特別国会が召集され（同条１項），新しく選ばれた議員からなる衆議院が成立します。ここで，すべての案件に先立って内閣総理大臣が指名され（67条），その内閣総理大臣が各国務大臣を任命します（68条）。この場合，既存の内閣は特別国会の召集日に総辞職をしなければなりません（70条）。なお，総辞職後の内閣は，新しい総理大臣が任命されるまで，引き続きその職務を行います（71条）。

　これに対して，内閣が総辞職をした場合，通常国会会期中でなければ臨時国会によって新しい内閣総理大臣が指名され，新総理大臣が国務大臣を任命し，新しい内閣が誕生します。

　衆議院の解散は民意を問うために行われ，内閣の総辞職には引責の意味があります。

　しかし，そもそもこの解散権は誰が持つのでしょうか。69条の条文は，「内閣は，……衆議院が解散されない限り」と規定されており，誰が解散権の主体

なのか明らかにしていません。この点について，7条に根拠を見出し，内閣が解散権を持つとするのが現在の通説です。7条は天皇の国事行為を定めた規定ですが，天皇はそもそも政治的権限を持たず，内閣の助言と承認によって，ここに列挙された行為を行います。したがって，天皇の国事行為に助言と承認を与える内閣に解散権があるとされるのです（→第3章）。現在，解散の形式としては主にこの7条3号に基づく「7条解散」の形がとられており，実際，69条に基づく解散はほとんどありません。解散は内閣不信任決議が成立した場合（69条）に限られるという説もありますが，解散の意義は民意を問うことにあると考えられるので，69条の場合に限られないといえるでしょう。69条以外の解散事由としては，内閣と衆議院とが衝突した場合や，重要な政策転換や立法を行う場合などがあげられます。

II　行政権

65条は，「行政権は，内閣に属する」と規定しています。そこで，この行政権とは何か，どのような範囲の行政権が内閣に属するのか，また内閣から独立した行政機関である独立行政委員会は，65条との関係で違憲ではないのかということが問題となります。以下，順に見ていきましょう。

1　行政権の意味

行政権とは何かという問題をめぐっては諸説あります。なぜなら，三権のうち，立法権は法律の制定作用，司法権は紛争を法の解釈・適用によって解決する作用といったようにそれぞれ中身が明確なのですが，行政権の場合はそうではないからです。

通説によれば，行政権とは，国の作用の中から，立法作用と司法作用を除いた作用とされます（**行政控除説**）。国家の各権力の成立背景を歴史的にみたとき，国王（行政）の権力行使に同意を与える議会（立法）が誕生し，さらに裁判所（司法）が生まれたという経緯があることから，このような定義が一般的です。

これに対し有力説として，以下のような諸説があります。1つ目は，行政権

は，国会が制定した法律を執行する権限であるとする説です（**法律執行権説**）。
2つ目は，行政権とは執政権であるとします（**執政権説**）。アメリカ憲法上，執政権（executive power）は大統領の権限であり，行政機関の持つ行政権（administrative power）とは区別されています。この説は，これを日本に置き換えて，内閣と官僚組織を分けてとらえ，法律の執行をするのは官僚組織で，内閣は，各国家機関の総合調整，外交，財政などの高度な政治作用すなわち執政を行う機関であると考えています。

　これらの学説にはそれぞれ批判がありますが，少なくとも控除説と，法律執行権説や執政権説との間には，視点の相違があるように思われます。控除説は，ほかの二権との関係で行政権の作用の範囲画定を行ったものですが，法律執行権説と執政権説は，行政権の実質的中身に関する議論です。したがって，これらの諸学説の論争は二層構造をなしており，まず行政権が行うことを控除説によって限定し，そのうえで，その実質的中身をどのように把握するのかという問題であるととらえるべきです。

2　独立行政委員会の合憲性

　憲法上，行政権は「内閣に属する」（65条）と規定されていますが，行政は複雑かつ多岐にわたっており，内閣がすべての行政作用を担うのは不可能です。したがって，**内閣は最高の行政機関として，行政各部を指揮監督し，行政全体を統括する立場にあります**。このように行政権を内閣に帰属させることで，憲法65条は，議院内閣制のもと，行政権に議会の民主的コントロールが及ぶようにすることを意図しています。この点に関して，古くから論じられているのが，独立行政委員会の合憲性です。

　独立行政委員会とは，内閣から独立した合議制の行政機関であり，本来行う行政作用のみならず，司法作用，立法作用に類似した活動も行います。このように，内閣から独立した行政機関は，65条に反しないのでしょうか。

　独立行政委員会には，人事院，公正取引委員会，国家公安委員会，中央労働委員会などのほか，最近では原子力規制委員会や個人情報保護委員会，カジノ管理委員会などが新たに設置されています。このうち例えば，中央労働委員会は，労働者からの（使用者による）不当労働行為の救済申立てを受けてその調

査を行います。調査の結果，不当労働行為があったと判断される場合，当事者に対して救済命令を出すことができます。これは，司法作用に類似した準司法的作用であり，判断には中立性が求められます。このほか，人事院の国家公務員採用試験のように，政治的中立性が求められる場合もあります。これらの活動は，民主的コントロールになじみません。他方で，これらの委員会は，すべて法律に基づいて設置されているため，国会の民主的コントロールが直接及んでいるということもできます。したがって，独立行政委員会は合憲です。

Ⅲ　内閣の組織と権限

　ここでは，最高の行政機関である内閣がどのような組織なのか見たうえで，この内閣がもつ諸権限を概観することにしましょう。

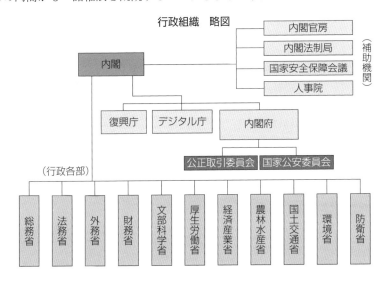

行政組織　略図

1　内閣の組織
　内閣は，複数の構成員の合議によって意思決定を行う組織で，**首長たる内閣総理大臣とその他の国務大臣**で構成されています。内閣の意思決定は，**閣議**と呼ばれる会議で行います。閣議は非公開で，決定は全員一致の方法で行われています。

（1） 内閣総理大臣の地位と権限

内閣総理大臣は，国会議員の中から国会の議決で指名されます（67条1項）。この指名には，衆議院の優越があります（同2項）（→第4章）。内閣総理大臣は一般に，「首相」もしくは「総理」と略称されます。

首相は，内閣の「首長」です（66条1項）。この「首長」の意味は，明治憲法時代の内閣と比較することでより明らかとなります。戦前の明治憲法には，内閣の規定がなく，内閣官制という別の定めがありました。その定めによると，首相は「各大臣ノ首班」とされていました。この地位は，内閣の行う閣議の招集を行ったりする「同輩中の首席」程度のもので，首相が内閣のリーダーとして内閣を統率したりするものではありませんでした。それというのも明治憲法55条の規定によれば，各国務大臣は首相を含めて天皇によって任命されており，それぞれが独立して天皇を輔弼する（助言申し上げる）とされていたからです。そのため，首相が陸軍大臣などを抑制することができず，軍部の暴走を止めることができなかったのです。

戦後の日本国憲法では，首相は「首長」と明記され，その他の国務大臣を任命する権限と同時に，「任意に」罷免する権限も持っています（68条）。「任意に」罷免するとは，首相の自由な意思でやめさせることができるという意味です。このほかにも，首相には，国会に対する内閣の代表権や行政各部の指揮監督権（72条），国務大臣の訴追についての同意権（75条）があります。日本国憲法で首相にこのような強い主導権を認めたのは，内閣の一体性を確保するため，また国会に対する連帯責任（66条3項）を確保するためです。

首相の権限を強化することは，議院内閣制を採用している日本においては限界があります。大統領制のように首相を国民が直接選挙するわけではないため，首相は国会多数派の支持する政策を，合議体である内閣のリーダーとして実現していかなければなりません。首相の権限について判例は，閣議にかけて決定した方針に基づいて行政各部を指揮監督するにとどまらず，「内閣の明示の意思に反しない限り」，行政各部に対し指導，助言などの指示を与えるものであると広く解釈しています（最大判1995年2月22日〔ロッキード丸紅ルート事件〕）。

（2） その他の国務大臣

国務大臣は「閣僚」とも別称され，首相によって任命されますが，その過半

数は国会議員でなければなりません（68条1項）。国務大臣の人数は内閣法で定められており，その中には，行政事務を分担管理する「主任の大臣」とともに，行政事務を分担管理しない無任所の国務大臣の存在も認められています（内閣法3条）。例えば，財務大臣や防衛大臣などのように各省のトップになる大臣は「主任の大臣」です。国務大臣は，両議院のいずれかに議席を持つ／持たないにかかわらずこれに出席することができ，また要請があれば出席しなければなりません（63条）。また国務大臣のうち主任の大臣は，法律や政令に署名をする権限もあります（74条）。

（3） 文民条項（→第2章）

内閣の構成員たる内閣総理大臣とその他の国務大臣は，「文民」でなければなりません（66条2項）。一般に**文民統制**（シビリアンコントロール）と呼ばれるこの条項は，明治憲法下で軍部が台頭したことに対する反省から，日本国憲法制定の際に極東委員会で提案され，GHQの要請で追加されたものです。文民統制とは，元来，軍人でない者が軍事組織を統率するという意味ですから，この趣旨からすれば，文民とは自衛官でない者と解することができるでしょう。

（4） 内閣の総辞職

新しい内閣は，先に見たように，内閣総理大臣が国会で指名されることから始まります（67条）。その総理大臣が各国務大臣を任命し（68条1項），内閣が形成されます。

この内閣は，総辞職によって終わりを迎えます。内閣が総辞職をすべきときは，憲法上，次の3つの場合に限られています。

① 内閣総理大臣が欠けたとき（70条）　首相が，死亡，辞職などで欠けたとき，リーダーの欠けた内閣は総辞職をしなければなりません。2000年，小渕恵三首相が脳梗塞で昏睡状態に陥り意識回復の見込みがないとされたとき，首相臨時代理によって主宰された閣議で「内閣総理大臣が欠けたとき」と判断し，総辞職を決めた前例があります。これに対し，一時的な病気入院や外遊などの場合は，首相臨時代理が首相の代わりを務めます。

② 衆議院議員総選挙後はじめての国会召集のとき（70条）　衆議院が解散された場合には総選挙後，特別国会が召集されます（54条1項）。また，任期満了の場合は，総選挙後，臨時国会が召集されます（国会2条の3第1項）。こ

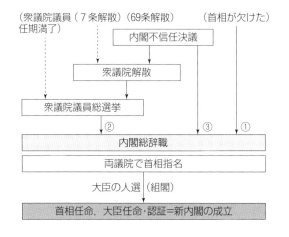

衆議院解散・内閣総辞職と新内閣の成立図

（衆議院議員（７条解散）（69条解散）　（首相が欠けた）
任期満了）

内閣不信任決議

衆議院解散

衆議院議員総選挙

②　　　　　　　③　　　①

内閣総辞職

両議院で首相指名

大臣の人選（組閣）

首相任命，大臣任命・認証＝新内閣の成立

のとき，内閣は総辞職をしなければなりません。

③　衆議院が内閣不信任決議を行って10日以内に衆議院が解散されないとき（69条）

先に見たように，衆議院の不信任決議に対して，内閣が政治責任をとって総辞職をする場合です。議院内閣制において，内閣への主たる問責方法は不信任決議ですが，それに対応する責任の取り方が総辞職です。66条３項でも，内閣は「国会に対し連帯して」責任を負うとされており，これは議院内閣制の最大の特徴ともいえます。

なお，①②③いずれの場合でも，総辞職後の内閣は，新たに内閣総理大臣が任命されるまで，引き続き職務を遂行しなければなりません（71条）。

2　内閣の権限

内閣の主たる権限は，73条に列挙されています。ここでは，「他の一般行政事務の外」，次のような７つの事務を行うとされています。

（1）　73条に列挙された権限

①　法律の誠実な執行および国務の総理（1号）　　内閣の行政には，国民代表機関たる国会による民主的コントロールが及ばなければならず，したがって内閣は，国会が定めた法律を誠実に執行しなければなりません。また，国政全般の企画立案を行います。

②　外交関係の処理（2号）

③　条約の締結（3号）　　内閣は他国との条約締結を行いますが，それには「事前に，時宜によっては事後に」国会の承認が必要とされます（61条）。

④　官吏<ruby>官吏<rt>かんり</rt></ruby>に関する事務の掌理（4号）　官吏とは国家公務員をさし，地方公務員は含まれません。また，裁判官や国会議員も公務に従事する職業ですが，行政機関ではないため，ここに含まれないとするのが一般的です。なお，ここで掌理される（総括して行われる）事務とは，管理の職階制，試験，任免，給与，懲戒などの人事行政事務をさします。

⑤　予算の作成・提出（5号）　国の予算は，政策と密接な関係にあります。したがって，政治の舵取り役である内閣が作成するのは当然といえるでしょう。その一方で，日本国憲法は83条で財政民主主義を明言し，議会による財政の民主的コントロールを求めています（→第4章）。そのため，予算は国会に提出し，国会の承認を得なければなりません（60条）。

⑥　政令の制定（6号）　内閣は法律の規定を実施するために政令を制定します。法律を改正するためには国会の両院の可決が必要ですが，法律で大枠を定め，細かい点を政令に委ねておけば，法律を改正することなく迅速な対応が可能となります。政令に罰則を設けることについては，罪とそれに対する刑罰は法律によって定めなければならないとする罪刑法定主義から，原則として国会の定める法律によらなければなりませんが（31条），法律の委任がある場合には，政令で定めることも許されます。（→第4章）。

⑦　恩赦の決定（7号）　恩赦とは，犯罪者に対し特別に刑の減免をすることをいいます。かつて西欧では国王の権限とされていましたが，日本国憲法では内閣の権限とされており，詳細は恩赦法に規定されています。

（2）　73条以外の権限

73条の権限以外にも，憲法には内閣の権限がいくつか規定されていますので，簡単に列挙しておきます。

①　天皇に関する権限　天皇の国事行為に対する助言と承認（3条）。

②　国会に関する権限　国会の召集権（52条，53条，7条2号）。参議院の緊急集会を求めること（54条2項）。衆議院の解散権（69条）。

③　裁判所に関する権限　最高裁判所長官の指名（6条2項），最高裁判所のその他の裁判官の任命（79条1項），下級裁判所裁判官の任命（80条）。

『小学生SNS禁止法*』って知ってる？

憲法違反じゃないかって、今問題になってるわね。

＊この法律はフィクションです。

あらぁ。ケン太ったら、小学生のヒーローね。

ケン太の、小学生のヒーローようかな♪

憲法違反ならようってみようかな♪

心がけは尊いが、ケン太では無理じゃ。

なんで!?

ガーン

2人は、この間の授業で勉強した付随的違憲審査制のことを忘れたのかね？

フズイテキイケンシンサセイ？

日本では具体的事件を解決するのに必要な限りで違憲審査を行うのじゃ。

問題は、今回の法律で大学生のケン太が具体的な権利を侵害されているかどうかじゃな。

で、その法律は、ケン太のどんな権利を侵害しているというんじゃ？

ツイッターのフォロワーを奪われない権利？

（フォロワー10人中9人が小学生…）

残り1人は私だけどね。

はじめに

本章では，裁判所について説明します。

皆さんは，実際の裁判を見たことがあるでしょうか。学生である皆さんにとって，裁判所の敷居は高いかもしれませんが，憲法で裁判は公開するよう定められていますので，訴訟の当事者でなくとも，原則として誰でも自由に傍聴することができます。事前申し込みも不要なため，裁判所に赴き，掲示されている裁判の予定表を確認したら，関心のある裁判をのぞいてみてください。民事裁判と刑事裁判がありますが，刑事裁判の方が比較的分かり易く，また法曹三者（裁判官，検察官，弁護士）それぞれの役割を一度に見ることができます。現実は，テレビや映画でのイメージと大分違っているかもしれません。

さて，裁判所の主たる仕事は，ご承知のとおり裁判を行うこと，もう少し具体的には，社会の中で何かトラブルが起きた際，中立な第三者としてトラブルの当事者やその代理人の言い分を聞き，予め決められた法に則って判断を下すことです。

とはいえ，裁判所は世の中のトラブルをすべて解決してくれるわけではありません。たしかに，私たちには憲法で裁判を受ける権利が保障されていますし，裁判所には私たちの権利や法的利益を守る責務があります。しかし，かといって何でもかんでも公権力の力を借りて解決を図ることは望ましくないと考えられています。では，裁判所とは一体どのような時に，どのような活動をしているのでしょうか。

I　司法権

1　司法権とは何か

76条1項は，「すべて司法権は，最高裁判所及び法律の定めるところにより設置する下級裁判所に属する」と定めています。要は，「司法権」をすべて裁判所が担当するというわけですが，では，この「司法権」とは何でしょうか。

一般に**司法権**とは，具体的な争いに法を適用して解決へと導く作用であるといわれます。そのため，裁判所が審査しうる対象には，司法権の性質上，次の2つの要件が必要となってきます。

1つ目は，**権利や法的利益について具体的な争いがなければならない**ということです。例えば，皆さんが，「あの政府の行為は憲法上問題ありだろう」と考えたとします。友人と喧々諤々と憲法論議をしても決着がつかない。そこで，白黒つけてもらおうと裁判所に訴えたとしても，裁判所は判断してくれません。そこには，訴えを起こす人の権利などに関わる具体的な法的争いが存在しないからです。

　2つ目は，**法を適用して解決できなければならない**ということです。裁判所は，法を司る機関です。そのため，法律で終局的な解決が図られないなら，裁判所が担当することはできないと考えられています。宗教上の教義や信仰の対象に関する理解などは，その1つです。実際の事件で，ある宗教団体がご本尊（板まんだら）のためのお堂を建てるという名目で信徒に寄付を募ったところ，後日，そのご本尊に偽物の疑いが生じ，信徒らが寄付金の返還を求めたという事件があります。このとき最高裁は，偽物かどうかは宗教上の教義の理解にかかっており，その判断が訴訟の核心にあるため，法令の適用によって終局的に解決することはできないと判断しました（最判1981年4月7日〔板まんだら事件〕）。他にも，国家試験で不合格となった人が，その判定を不服として裁判所に訴えたという事件があります。そこでも，最高裁は，試験の合否は学問上又は技術上の能力等の判断に基づくものであるため，裁判の対象にはならないと判断しています。

2　司法権の限界

　さらに，裁判では，上の2つの要件を満たすにもかかわらず，一定の理由から司法権を行使すべきではないと判断されることがあります。以下にその例をみていきます。

（1）　憲法が明文で定める限界

　憲法自体が明文で，裁判所以外の機関に裁判を委ねている場合が2つあります。①**国会議員の資格**について疑義が生じた場合と②**裁判官を罷免**する場合です。①では，所属している議院で議席を失わせるか否かの裁判を行います（55条）。②では，国会の設ける弾劾裁判所で弾劾裁判を行います（64条）（→第4章）。

（2） 自律権

政治部門の自律的判断を尊重すべき場合にも，裁判所の審査権は及びません。例えば，議院の自律的な運営のため，**議院における議事手続や議員に課される懲罰**は，議院の判断に委ねられます（58条2項）（→第4章）。閣議のあり方についても同様に，内閣の自律的運営に委ねられます（→第5章）。

（3） 自由裁量行為

政治部門は，法に従って権力を行使しますが，法が実際の行為を行う機関に対し自由に判断しうる一定の枠，つまり，**裁量**を認めている場合があります。その場合，例えば，実際に採用された政策Ａよりも，政策Ｂの方が人権制約の少ない妥当な政策であったとしても，ＡもＢも政治部門の裁量権の範囲内にあるとみなしうるなら，裁判所はＡを選択した政治部門の判断を尊重します。もっとも，裁量に任されている行為を，裁判所が一切判断しないというわけではありません。採られた政策が裁量の枠を超えた政策Ｃである場合には，審査権が及ぶことになります。立法府に認められる裁量を立法裁量，行政府に認められる裁量を行政裁量といいます。

裁量権の範囲がどのくらい認められるかは，事案によって様々です。社会経済立法や社会保障立法などでは，比較的広い裁量の余地が認められる傾向にあります（→第12章，第14章）。ただし，広い裁量を認めて裁判所が判断を差し控えるということは，場合によっては，本来不必要である人権制約を放置する可能性があります。裁判所がどこまで政治部門の判断に踏み込み，個人の人権の救済を図るべきかという問題は，三権の中での裁判所の役割をどう捉えるかという点とも関わるため，一義的な答えを見つけることが難しい問題であるといえます。

（4） 団体内部の事項に関わる行為

団体内部で起こったトラブルの解決については，団体内部のルールやその自律的判断が尊重されるべきであり，裁判所による審査が及ばないという考え方があります。これを**部分社会の法理**といいます。これまで，政党，地方議会，宗教団体，大学などについて，この法理が用いられてきました。最高裁は，それらが「一般市民社会とは異なる特殊な部分社会を形成している」という理解のもと，①一般社会と直接関係のない純粋に内部規律の問題にとどまる場合には，団体内部の自律的な解決に委ねるべきであるとし，他方，②内部規律の問

題にとどまらない一般社会に関わる問題については，司法審査の対象になると判断してきました。

　もっとも，上述の「部分社会」にあたる諸例をみても明らかなように，それらは人々の集まりという点では共通していますが，団体の性質も目的も異なっています。そのため，それらを包括的に「部分社会」と一括りにして，その内部を全く司法審査の及ばない領域にしてしまうことに対しては，疑問が呈されています。団体内部の事柄に対し，公権力たる裁判所がむやみに口を差し挟むべきではないことはたしかです。その根拠は，団体のもつ**結社自体の自由**（21条）に，主として求めることができますし，他にも宗教団体であれば政教分離原則，大学であれば大学の自治に，それぞれ自律の理由を求めることができます（→第11章）。ということは，団体の性格や目的によって，また紛争の性格によって，裁判所の審査権を及ぼすか否かを個別的・具体的に考えていく必要があるのではないでしょうか。

　なお，地方議会で起こるトラブルの中で，議員の出席停止処分は，上記①にあたるとして長く司法審査の対象にならないとされてきました。しかし，2020年に最高裁は一転，司法審査の対象になるという判決を下しています（最大判2020年11月25日）。最高裁のこの姿勢が，他の「部分社会」にも広がっていくのかどうか，今後の裁判が注目されます。

（5）　統治行為

　一定の国家行為について，法的判断が可能であっても，その高度の政治性ゆえに「裁判所の審査権の外にある」と判断される場合があります。これを**統治行為**といいます。最高裁は，国防など統治の根幹に関わる高度に政治的な問題は，政治的責任を負う政治部門に委ねるべきであり，最終的には，政治部門のメンバーを選んでいる主権者国民が判断すべきであると説明しています。これまでに，米軍の駐留や安全保障条約（最大判1959年12月16日〔砂川事件〕），衆議院の解散（最大判1960年6月8日〔苫米地事件〕）などでこの理論が用いられてきました（→第2章）。

　たしかに，統治行為を裁判所が違憲と判断した場合に引き起こされる結果の重大性に鑑みて，裁判所が自制すべき場面がないわけではないでしょう。しかし，何をもって高度に政治的というのか，必ずしも明らかではなく，重大な憲

法問題に対し安易にこの理論を用いて裁判所が法的判断を下さないとするのであれば，裁判所の職務を怠っていると受け取られる可能性があります。

II 裁判所の組織

1 裁判所の種類と審級制

では，司法権の内容と限界が分かったところで，次に，その司法権の担い手についてみていきま

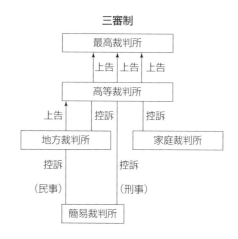

三審制

しょう。先に記したように，司法権は，**最高裁判所**と法律により設置された**下級裁判所**に属すると定められています（76条1項）。この規定を受けて，裁判所法という法律により，**高等裁判所，地方裁判所，簡易裁判所，家庭裁判所**という4種の下級裁判所が設置されています。事件の内容によって地方裁判所，簡易裁判所，家庭裁判所のいずれかで最初の裁判が行われます。地方裁判所と簡易裁判所は，民事事件と刑事事件を扱っており，金額が少ない民事事件や罪の軽い刑事事件の場合，簡易裁判所が担当します。交通事故など略式起訴された事件も，簡易裁判所で審理されます。家庭裁判所は，**家事事件，少年事件，人事訴訟**などを扱います。第1審の裁判に納得できなければ上級の裁判所（主として高等裁判所）に**控訴**することができ，これにも不服となれば，さらに上級の裁判所（主として最高裁判所）に**上告**することができます（**三審制**）。

以上のような通常裁判所の組織系列とは別に設置される裁判所を，**特別裁判所**といいます。明治憲法下の軍法会議などがそれにあたりますが，現行憲法は特別裁判所の設置を禁じています（76条2項前段）。

行政機関が終審として裁判を行うことも，同様に禁止されています（76条2項後段）。もっとも，終審としてではなく前審としてであれば，行政機関が裁判を行うことは可能です。ただし，そこでの判断に不服があった場合に，通常裁判所に出訴する道が開かれていなければなりません。

2 最高裁判所の構成と権限

最高裁判所は，最高裁判所長官と14名の最高裁判所判事で構成されています（79条1項）。長官は，内閣の指名に基づき天皇が任命します（6条2項）。長官以外の判事は，内閣が任命し（79条1項），天皇が認証します（7条5号）。任期はありませんが，定年の70歳に達したら退官します。後にみるように，弾劾裁判や国民審査によって罷免されることがあります。

最高裁判所は，主として上告された事件について裁判を行いますが，最高裁判所の有する権限は，こうした**裁判権**や後にみる**違憲審査権**のみではありません。他にも，司法府の独立の確保に資する権限として，**規則制定権**（77条），**下級裁判所裁判官の指名権**（80条1項），裁判官その他の職員を管理・監督するための**司法行政権**を有しています。

3 下級裁判所の構成

下級裁判所裁判官は，最高裁判所の指名した者の名簿によって，内閣が任命します（80条1項）。その指名過程について透明性が疑問視されていたことから，2003年に国民の意見を反映させるという目的で，下級裁判所裁判官指名諮問委員会が設置されました。委員会は，法曹三者及び学識経験者により構成され，最高裁判所の諮問機関として，指名の適否などを審議しています。

下級裁判所裁判官には10年の任期がありますが，再任は可能です（80条1項）。

4 裁判員制度

裁判員制度は，裁判に国民の意見を取り入れるため，2009年から実施されています。殺人など国民の関心が高い一定の重大事件を対象に，有権者の中から選ばれた裁判員が，地方裁判所の刑事裁判に参加する制度です。裁判員裁判では，3人の裁判官と6人の裁判員からなる合議体が，有罪か無罪か，量刑をどの程度にするかを判断します。裁判制度の大きな改革であり，違憲論などもありましたが，最高裁は，現行の形での国民の司法参加は，適正な刑事裁判の実現と相容れないものではないとして，合憲と判断しています。

裁判員候補者は，選挙人名簿から毎年くじで選出され，裁判員候補者名簿に登録されます。この裁判員候補者名簿から事件ごとに選任手続を経て，裁判員

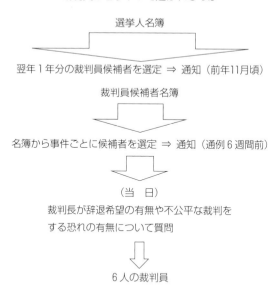

裁判員はどうやって選ばれるのか

選挙人名簿

⇓

翌年1年分の裁判員候補者を選定 ⇒ 通知（前年11月頃）

裁判員候補者名簿

⇓

名簿から事件ごとに候補者を選定 ⇒ 通知（通例6週間前）

⇓

（当　日）
裁判長が辞退希望の有無や不公平な裁判を
する恐れの有無について質問

⇓

6人の裁判員

が選ばれます。正当な理由があれば辞退することも可能です。辞退理由としては，70歳以上であること，学生であること，重い病気やケガで裁判に参加するのが難しいことなどが挙げられます。

なお，2022年の法改正により，裁判員に選ばれる年齢が20歳以上から18歳以上に引き下げられました。つまり，18歳，19歳の皆さんも裁判に加わる可能性がでてきたわけです。「人を裁く」とはどういうことなのか，一度じっくりと考えてみてもよいかもしれません。

Ⅲ　司法権の独立

1　裁判官の職権の独立

　司法権の独立は，近代憲法の重要な原則の1つです。これには，司法府が政治部門から干渉を受けないという意味での**司法府の独立**と，裁判を行う**裁判官の職権の独立**が含まれています。裁判官の職権の独立について，76条3項は，「すべて裁判官は，その良心に従ひ独立してその職権を行ひ，この憲法及び法律にのみ拘束される」と規定しています。

　裁判官の職権の独立は，裁判所の外からも，そして内からも脅かされる可能性があります。前者の例として，議院が国政調査権（→第4章）を行使して，確定した判決の量刑等を批判した事件が挙げられます。このとき，最高裁は

「司法権の独立の侵害である」として強く抗議を行いました（1949年〔浦和事件〕）。後者の例として，地方裁判所の所長が，自衛隊の合憲性が争点となった裁判の担当裁判官に対し，「裁判所は判断を避けるべきと考えるがどうか」といった内容の私信を送ったという事件が挙げられます。この事件で，所長の行為は裁判干渉にあたるとして，厳重注意処分に処せられました（1969年〔平賀書簡事件〕）。

　一般企業や行政組織では，上司の命令に従い行動することは日常的にありえます。しかし，公正な裁判を行うべき裁判官を拘束しうるのは，法のみです。裏を返せば，他の何ものにも拘束されないからこそ，裁判官は，法のみに従って公正な裁判を行うことができるのです。

2　裁判官の身分保障

　裁判官の職権の独立を担保しているのが，**裁判官の身分保障**です。憲法では，**罷免**される場合を2つに限定して，これを保障しています（78条）。1つは，心身の故障により，裁判官としての職責を果たせないと裁判で決定された場合，もう1つは，職務上の義務に著しく違反するなどして，弾劾裁判所で罷免された場合です。国会が設ける弾劾裁判所（各議院の議員7名ずつで構成）による弾劾裁判は，国民代表たる立法府が，司法府に及ぼすコントロールの1つです（64条）（→第1章）。ただし，実際に罷免された例はごく僅かです。

　最高裁裁判官に限っては，解任するかどうかを国民が直接判断する機会が設けられています。最高裁裁判官は，任命後，初めて行われる衆議院議員総選挙の投票日に審査を受け，その後も10年を経過するごとの衆議院議員総選挙時に同様に審査されます。これを国民審査制度といいます。罷免を可とする裁判官に×印を記載する記号式で，投票者の過半数が×印を付けた場合，裁判官は罷免されます（79条2項・3項）。これまで海外に住む日本人は，主に技術的な理由からこの投票を行うことができませんでした。しかし，2022年に最高裁は，彼らに審査権の行使を全く認めていないことを違憲とする判決を下しています（最大判2022年5月25日〔在外邦人国民審査権制限違憲判決〕）。

　裁判官に対する**懲戒**についても，行政機関が裁判官の懲戒処分を行うことはできないと定められています（78条後段）。他方で，裁判官は積極的に政治運動

をすることが禁止されています。また，裁判官がある判決について訴訟当事者の感情を害するようなツイートを行ったところ，裁判官に対する国民の信頼を損ね，裁判の公正を疑わせるような言動であるとして，戒告処分が行われた例があります。

IV　裁判の公開

　訴訟の当事者が，裁判官の面前で自らの正当性を主張しあうことを**対審**といい，それをもとに裁判官が下す最終的な判断を**判決**といいます。対審で当事者の行う主張立証は，裁判官にとって最大の情報源であり，これがきちんとなされてこそ正当な判決が下されることになります。憲法は，この対審と判決を**公開法廷**で行うと定めています（82条1項）。裁判を衆人環視にさらすことで，裁判の公正さを制度として保障し，裁判に対する国民の信頼を確保することを目的としています。特に，刑事被告人については，**公開裁判で裁かれる**ことが権利として認められています（37条1項）。

　もっとも，裁判官の全員一致で，「公の秩序又は善良の風俗を害する」おそれがあると判断した場合には，対審を非公開とすることができます。ただし，不公正な裁判が行われやすい，または裁判の公正が特に強く求められる犯罪や事件については，絶対公開とされています。具体的には，政治犯罪，出版に関する犯罪，国民の権利が問題になっている事件がそれに当たります（82条2項）。

　対審の非公開が検討される例として，個人のプライバシーに深刻に関わる事件や営業秘密に関わる事件を挙げることができます。このような場合には，当事者が公開されることによるダメージを恐れて，訴訟の提起自体を避ける可能性が出てくるためです。ただし，公開の例外をどこまで拡大するかについては議論のあるところです。

V　違憲審査制

　憲法は，国の最高法規であって，それに反する法律や命令などはその効力を有しません（→第1章）。そうした憲法の最高法規性を保持する手段とされてい

るのが，**違憲審査制**です。法律や命令などが憲法と矛盾していないかどうか
を，裁判所が判断します（81条）。例えば，Yさんが何か法律を犯して起訴さ
れたとしましょう。しかし，その適用される法律が万が一，間違っていたらど
うでしょうか。国会は憲法に照らして法律を作っていますが，憲法に反する法
律を絶対に作らないとも限りません。あるいは，作った当初には問題がなくて
も，時代の変化によって憲法に反する状態に陥ってしまうということもありえ
ます。そこで，憲法で定められたことがきちんと守られるよう，法律を調べ
て，憲法に反する場合にはその法律に従う必要がないと宣言する役割を担う者
が必要となります。憲法はその役割を裁判所に委ねており，そのために裁判所
は「憲法の番人」と呼ばれたりします。

　違憲審査制には，一般に，アメリカ型とドイツ型という2つのタイプがあり
ます。前者は，具体的な事件の存在を前提に，その事件の解決に必要な限り
で，違憲審査権を行使するタイプです。これを**付随的違憲審査制**といいます。
上の例でいうなら，実際に法律を犯しているYさんを裁くのに必要な限り
で，裁判所は適用される法条が憲法に違反していないかどうかを調べることに
なります。これと対照的であるのが，後者の**抽象的違憲審査制**です。ドイツに
は，通常裁判所とは別個に，憲法判断を行う憲法裁判所が設置されており，立
法権・行政権・司法権に並ぶいわば第4権として，権力行使が憲法の枠内で行
われているかどうかをチェックしています。アメリカ型とは異なり具体的な事
件を必要とせず，政府または連邦議会構成員の3分の1の申立てに基づき，法
律が憲法に適合するかどうかを，憲法裁判所に問うことになります。上の例で
いうなら，それら提訴の資格を有する人たちは，Yのような事件の当事者で
なくとも，「その法律はおかしいのではないか」と憲法裁判所に問うことがで
きることになります。

　このうち日本は，アメリカ型の付随的違憲審査制を採用しています。例え
ば，**警察予備隊違憲訴訟**（最大判1952年10月8日）は，この立場を明らかにして
います。現在の自衛隊の前身である警察予備隊について，最高裁に直接，違憲
確認の訴えがなされたものですが（原告が，最高裁は憲法裁判所としての性格を有
すると考えたためです），最高裁は，具体的な事件を離れて，抽象的に法律や命
令の合憲性を判断することはできない，と判示しています。

なお，裁判所の違憲判断は，違憲の規定を法令から削除するまでの効果をもつものではありません。付随的違憲審査制においては，先に述べたように実際の事件の解決に必要な限りで憲法判断が行われます。そのため，違憲判断の効力もその事件に限られると考えるのが自然でしょう。ただし，政治部門には最高裁の違憲判断を尊重することが期待されますし，実際に違憲判決後，遅くない時期に国会による規定の改廃が行われてきました。過去には，判決後20年以上も違憲とされた規定が法律に残っていた例がありますが，その間は，行政府が当該規定を執行しないという形で対応がなされています（→第10章〔尊属殺重罰規定違憲判決〕）。

　憲法の施行以来，わが国では長く最高裁判所による違憲判断の少なさが指摘されてきました。憲法判断自体は行われているのですが，合憲の判断を下すもの，つまり政治部門の行為を追認するものが圧倒的多数で，憲法施行から約半世紀の間，法令を違憲と判断した判決は，わずか5件でした（1973年の尊属殺重罰規定違憲判決，1975年の薬局距離制限違憲判決，1976年の衆議院議員定数不均衡訴訟，1985年の衆議院議員定数不均衡訴訟，1987年の森林法違憲判決）。ただし，21世紀に入って以降，これまでにないペースで違憲の判断が下されており（2002年の郵便法違憲判決，2005年の在外邦人選挙権制限違憲判決，2008年の国籍法違憲判決，2013年の非嫡出子法定相続分規定違憲決定，2015年の再婚禁止期間違憲判決，2022年の在外邦人国民審査権制限違憲判決の6件），そうした最高裁判所の変化と今後のあり方に注目が集まっています。

＊正式名称は「中標津町牛乳消費拡大応援条例」

はじめに

大学に入学すると出会いがたくさんありますが，初めて会った人から氏名・所属と並んでよく聞かれるのが，出身地です。そこで相手が自分と同じ地域の出身だとわかると，「地元ネタ」で盛り上がり，すぐに仲良くなれますよね。ところで，この地元ネタ，実は法制度にも存在します。憲法は，「地方のことは地方自身で決める」という**地方自治**を保障し（92条），地方自治権の1つとして条例制定権を承認しています（94条）。そのため，**地方公共団体**（市町村や都道府県）は個性豊かな「ご当地条例」を制定することができるのです。たとえば，福岡県大牟田市には「人生トライアスロン金メダル基金条例」というユニークな条例があります。これは，一市民の提案により，長生きを顕彰するために制定された条例で，100歳に達した住民に金メダルを贈呈することなどを定めています。

本章では，このような地方自治に関する憲法上のルールについて説明します。ぜひみなさん自身の地元のことを考えながらお読みください。

I　地方自治の基本原理

1　地方自治の本旨

まず，地方自治の基本原理について説明しましょう。「地方自治」の章の冒頭にある92条には，次のように書かれています。「地方公共団体の組織及び運営に関する事項は，地方自治の本旨に基いて，法律でこれを定める」。これはつまり，地方公共団体の組織・運営については，憲法自体ではなく法律で定めることにするけれども，その法律の内容は何でもよいというわけではなく，「地方自治の本旨」に基づいたものでなければならない，ということです。法律をもってしても侵すことのできない地方自治の基本原理として，「地方自治の本旨」というものを保障したわけですね。

では，ここでいう「地方自治の本旨」とは，どういうものなのでしょうか。通説によれば，それは①住民自治と②団体自治という2つの要素からなります。**住民自治**は，地方の政治・行政が住民の意思に基づいて行われること，**団体自治**は，地方の政治・行政が国から独立した団体（地方公共団体）に委ねら

れることを意味します。

住民自治の要請に基づき，住民には，地方公共団体の長・議員を直接選挙する権利が保障されるとともに，各種の直接請求制度などが設けられています（→Ⅲ）。また，団体自治の要請は，各種の**地方自治権**として具体化されています。すなわち，94条は，「地方公共団体は，その財産を管理し，事務を処理し，及び行政を執行する権能を有し，法律の範囲内で条例を制定することができる」と定め，地方公共団体に自主財政権，自主行政権，自主立法権といった権限を保障しているのです（→Ⅳ）。

なお，92条が地方公共団体の組織・運営に関する事項は「法律」で定めると規定したことを受けて，地方自治法，地方財政法，地方公務員法といった法律が制定されています。特に**地方自治法**は大変重要な法律ですから，本章でも適宜その規定を紹介することにしましょう。

2 地方自治の必要性

では，なぜ憲法は地方自治を保障したのでしょうか。それには主に2つの理由があるといわれています。

第1に，国と地方の間で権力分立を働かせるためです。すでに勉強したとおり，憲法は国会に立法権，内閣に行政権，裁判所に司法権を委ね，各機関の間で抑制と均衡を保持させる「三権分立」という仕組みをとっていますが（→第1章），これは国レベルでの**水平的な権力分立**です。それに対して，地方自治（団体自治）は，国と地方公共団体の間で抑制と均衡を保持させるものであり，いわば**垂直的な権力分立**であるといえます。このように，憲法は，地方自治を保障し，水平方向のみならず垂直方向にも権力分立を働かせることで，公権力の暴走をより確実に抑止しようとしたのです。

第2に，地方公共団体を「**民主主義の学校**」とするためです。国民は国政への参加権（国会議員の選挙権など）を有していますが，国政は規模が大きいため，自分の意見が政治に反映されるという実感をもつことが難しい面があります。それに対して，地方の場合は，国よりも規模が小さい分，住民ひとりの意見が政治を変える可能性があります。例えば，人口が500人に満たないような村では自分の一票が選挙の勝敗を左右するかもしれませんし，大牟田市の人生トラ

イアスロン金メダル基金条例が一市民の提案で制定されたように，自分の意見が直接政策として採用されることもありえます。そのため，国民は，地方自治（住民自治）を通して，主権者としての振る舞い方を学ぶことができるのです。

3　国と地方の役割分担

　国と地方公共団体は，どちらも政治や行政を行うわけですが，両者の役割分担はどのようになっているのでしょうか。憲法はこの点について特に規定していませんが，地方自治法では，「国は，……国際社会における国家としての存立にかかわる事務，全国的に統一して定めることが望ましい国民の諸活動若しくは地方自治に関する基本的な準則に関する事務又は全国的な規模で若しくは全国的な視点に立つて行わなければならない施策及び事業の実施その他の国が本来果たすべき役割を重点的に担い，住民に身近な行政はできる限り地方公共団体にゆだねることを基本として，地方公共団体との間で適切に役割を分担する」と定められています。

　実際，消防は市町村，警察は都道府県が担っていますし，公立学校についても，基本的に小学校・中学校は市町村，高校は都道府県が責任を負っています。住民の生活に身近な事項は，国ではなく地方公共団体が担当しているのです。それに対して，防衛や外交といった他国と関係する事項や，司法や通貨といった全国的な統一性が求められる事項については，地方公共団体が担当するのに適していないため，国が担当しています。このように，小さな単位の地方公共団体を優先し，市町村でできることは市町村，市町村でできないことは都道府県，都道府県でもできないことだけを国が行うべきだ，という考え方を「**補完性の原理**」と呼びます。

II　地方公共団体の組織

1　憲法上の「地方公共団体」

　次に，地方公共団体の組織について説明しましょう。
　まず，92条以下でいう「地方公共団体」とは，いかなる団体を指すのでしょうか。**東京都区長公選制廃止事件判決**（最大判1963年3月27日）では，憲法上の

地方公共団体として認められるためには，「単に法律で地方公共団体として取り扱われているということだけでは足らず，事実上住民が経済的文化的に密接な共同生活を営み，共同体意識をもつているという社会的基盤が存在し，沿革的にみても，また現実の行政の上においても，相当程度の自主立法権，自主行政権，自主財政権等地方自治の基本的権能を附与された地域団体であることを必要とする」とされています。

　現行の地方自治法が定めている地方公共団体の中では，市町村と都道府県が憲法上の地方公共団体に当たります。みなさんの中には港区や大田区などの東京23区にお住いの方もいらっしゃると思いますが，上記判例は，東京23区は憲法上の地方公共団体ではないと判断しています。もっとも，これはあくまでも半世紀以上も昔である当時の状況を前提にした判断ですから，今日においてはそれと異なる判断がなされる可能性もあるでしょう。

　なお，最近では，複数の都道府県を合併し，より広域的な地方公共団体である「道」と「州」を設置するという**道州制**の導入が検討されていますが，その合憲性については議論があります。

　仮に憲法が「市町村」と「都道府県」の設置を求めているのだとすれば，都道府県を廃止する道州制は違憲だといわなければなりません。ですが，憲法はただ「地方公共団体」を設置せよと定めているにとどまり，「市町村」や「都道府県」といった特定の団体を指定してはいませんから，そのような解釈には無理があるでしょう。しかし他方で，東京都区長公選制廃止事件判決でも説かれていたように，憲法上の地方公共団体として認められるためには一定の条件があるわけですから，地方公共団体のあり方は全く自由に定めてよいのだと解釈することもできません。団体自治を実現できるだけの組織力や，住民自治を実現できるだけの住民との密接性を備えた団体であることが求められます。

　これらの点にかんがみて，憲法は，①地方公共団体の二層構造（基礎的地方公共団体と広域的地方公共団体の設置）と，②基礎的地方公共団体としての市町村の設置を要請している，と解する見解が有力となっています。この見解に従えば，広域的地方公共団体を都道府県から「道」と「州」に変更する道州制は，合憲であるということになります。

2　長と議会

　地方公共団体には，執行機関としての**長**（都道府県知事や市町村長）と議事機関としての**議会**が設置されます（93条）。なお，地方自治法上，町村の場合には，条例により議会に代えて**町村総会**（有権者の総会）を設置することも認められています（実際，東京都八丈小島の宇津木村では，1951年から4年間，町村総会が行われていました）。

　地方公共団体における長と議会の関係は，国政における内閣と国会の関係とは，大きく異なります。第5章（内閣）で勉強したように，国政の場合には，国民が選挙で選んだ国会議員の中から国会の議決によって内閣総理大臣が指名され，内閣総理大臣が他の国務大臣を任命して内閣を組織します。そして，内閣は，行政権の行使について，国会に対して連帯して責任を負います（議院内閣制）。それに対して，地方公共団体の場合には，地方議会議員だけでなく長も，住民によって直接選挙で選ばれます（93条2項）。そして，長と議会は，原則として相互に独立して職務を行います（二元代表制）。この点では，アメリカ合衆国などで採用されている大統領制に近い制度だといえるでしょう。ただし，地方自治法上，議会には長に対する不信任議決権が認められ，長には議会の解散権が認められるなど，純粋な大統領制とは異なり，長と議会の抑制・均衡を保つための制度も取り入れられています。

3　住　民

　地方公共団体の「住民」とは，その地方公共団体の区域内に「住所」を有する者のことです（自治10条1項）。「住所」というのは「生活の本拠」のことであり（民22条），居住の実態と居住の意思を総合的に考慮して判断されます。たとえば，福岡県福岡市に「住もう」と思って実際に住んでいれば，その人は福岡市の住民であり，それと同時に福岡県の住民です。

　未成年者であっても外国人であっても，居住の意思をもって居住していさえすれば，住民として認められます。ただし，地方公共団体の長・議員の選挙権は，満18歳以上の日本国民に与えられるものとされていますから（自治11条，公選9条2項），18歳未満の住民や外国籍の住民には認められません（外国人住民の地方参政権という論点については→第8章）。

住民自治の要請を受けて，地方自治法は住民に各種の**直接請求権**を認めています。住民は，有権者の50分の1以上の者の署名を集めれば，長に対して条例の制定・改廃を請求することができますし，原則として有権者の3分の1以上の署名を集めれば，選挙管理委員会に対して議会の解散を請求することもできるのです。そのほか，地方公共団体の事務の監査や長・議員の解職などについても，直接請求が認められています。

　また，国が住民の意思に反して特定の地方公共団体に不当な義務を課すことのないよう，1つの地方公共団体にのみ適用される特別法（**地方自治特別法**）を制定する場合には，その地方公共団体の**住民投票**で過半数の同意を得る必要があるとされています（95条）。これも住民自治のあらわれといえるでしょう。ただし，この住民投票は，1949年に「広島平和都市建設法」を制定する際に初めて実施され，以後1950年代前半までに計15本の地方自治特別法が制定されたのですが，その後はほとんど実施されていません。政府解釈において，地方自治特別法は，特定の地方公共団体のみを対象とするだけでなく，その地方公共団体の「組織，運営，または権限について特例を定める」ものに限られる，と解されていることによるものと思われます。

　なお，最近では，地域の重大問題について住民の意見を聞くため，条例に基づく住民投票が行われることが少なくありません。例えば，沖縄県名護市では，1997年に，返還予定である普天間飛行場の代替基地として海上ヘリポートを建設すべきか否かについて，条例に基づく住民投票が実施されました。もっとも，こうした条例に基づく住民投票は，地方自治特別法についてのそれとは異なり，法的拘束力をもつものではありません。長が住民投票の結果どおりに政策を進めた例もありますが，それはあくまでも長の自主的判断によるものです。地方公共団体は代表制民主主義を原則としているため，長を住民投票の結果に拘束させることはできないのです。実際，沖縄県名護市の住民投票でも，反対票が過半数を占めましたが，市長はその結果に従わず，海上ヘリポート建設の受け入れを表明しました。

III　地方公共団体の仕事

1　地方公共団体の事務

　地方公共団体が処理することとされている「事務」（94条）は，自治事務と法定受託事務の2つに分かれています（自治2条）。**法定受託事務**とは，本来国が果たすべき役割にかかる事務であって，法令により地方公共団体に委ねられたものをいいます。例えば，国政選挙の際の投票所の設置・運営や，パスポートの交付，国道の管理などが，これに当たります。**自治事務**とは，法定受託事務以外の事務のことです。自治事務は非常に多種多様で，例を挙げればきりがないのですが，例えばラーメン屋を開く場合の営業許可は都道府県の自治事務ですし，生活困窮者のための市営住宅の管理は市の自治事務です。

　なお，かつては，法定受託事務の代わりに**機関委任事務**というものが存在しました。機関委任事務とは，国の事務の執行を地方公共団体の長に対して委任したものであり，この事務を処理する限りにおいて，地方公共団体の長は国の下級行政機関としてその指揮・監督に服します。つまり，地方公共団体を国の「下請け」として使うわけです。この機関委任事務は，地方自治に反するものとして悪評が高かったのですが，にもかかわらず都道府県の事務の約7割を占めていたため，当時の地方自治は「3割自治」と揶揄されていました。この状況を改善するため，地方分権を一気に進めた1999年の地方自治法改正では，機関委任事務が廃止され，その半分以上が自治事務に移されるとともに，残りが法定受託事務とされました。法定受託事務は，機関委任事務とは異なり，地方公共団体自身の事務であるため，それについて地方公共団体ごとに条例を制定することができますし，議会の調査権限なども及びます。

2　条例制定権

　地方公共団体は，自主立法として条例を制定することができます（94条）。この条例制定権については，重要な論点が3つほどあります。

（1）　地域ごとの条例のバラつきは法の下の平等に反するか

　第1に，法の下の平等（14条）との関係です。各地方公共団体がそれぞれ条

例を制定するとなると，同じ事項について，地域によってルールがバラバラになる可能性があります。これは法の下の平等に反しないのでしょうか。

反しない，というのが判例の見解です。なぜなら，「憲法が各地方公共団体の条例制定権を認める以上，地域によって差異が生ずることは当然に予期されることであるから，かかる差別は憲法みずから容認するところである」と考えられるためです。たしかに，各地方公共団体に独自のルールを定める条例制定権を認めておきながら，条例の内容が地域ごとに異なってはならないというのはおかしいですよね。

（2）　法律留保事項について条例で定めることはできるか

第2に，いわゆる法律留保事項との関係です。憲法は，財産権，刑罰，租税について，「法律」で定めることを求めています（29条2項，31条，84条）。では，これらの事項を「条例」で定めることは許されないのでしょうか。

この問題については様々な学説が存在しますが，結論としては，いずれについても条例で定めることが許される，という見解でほぼ一致しています。条例は，住民の代表である議会によって制定されるものであり，いわば法律のミニチュア版といえるものですから，これは妥当な解釈でしょう。

ただし，判例上，条例で刑罰を定める場合には，法律による授権（権限の授与）が必要だとされている点には，留意が必要です。判例によれば，73条6号ただし書が「政令には，特にその法律の委任がある場合を除いては，罰則を設けることができない」と定めていることから，政令と同じく法律より下位の法規範である条例によって刑罰を定める場合にも，法律による授権が必要となるのです。もっとも，条例は，行政機関が定める命令とは異なり，民意を基盤とするものであるため，「条例によって刑罰を定める場合には，法律の授権が相当な程度に具体的であり，限定されておれば足りる」とされています。つまり，命令で刑罰を定めるには，法律による個別具体的な授権が必要であるのに対し（→第4章），条例で刑罰を定める場合には，もっとザックリとした授権でよいということです。

（3）　「法律の範囲内」とは何か

第3に，法律と条例の関係です。94条は「法律の範囲内」で条例を制定できると定めていますが，そこでいう「法律の範囲内」とは，何を意味するのでしょ

うか。

　この点，かつての行政実務では，**法律先占論**という見解がとられていました。これは，法律がすでに規律している事項について同じ目的の条例を制定することは一切許されない，という見解です。しかし，**徳島市公安条例事件判決**（最大判1975年9月10日）は，この見解を否定しました。「条例が国の法令に違反するかどうかは，両者の対象事項と規定文言を対比するのみでなく，それぞれの趣旨，目的，内容及び効果を比較し，両者の間に矛盾抵触があるかどうかによつてこれを決しなければならない」と説いたのです。

　同判決によれば，この基準は，例えば以下のように適用されます。

　まず，①「ある事項について国の法令中にこれを規律する明文の規定がない場合」には，「当該法令全体からみて，右規定の欠如が特に当該事項についていかなる規制をも施すことなく放置すべきものとする趣旨であると解されるとき」でない限り，法律の範囲内であると認められます。

　次に，②「特定事項についてこれを規律する国の法令と条例とが併存する場合」は，法令と条例の目的が同一か否かによって扱いが異なります。(A)両者の目的が異なる場合には，条例の適用によって法令の意図する目的と効果を何ら阻害することがなければ，法律の範囲内と認められます。それに対し，(B)両者が同一の目的である場合には，「国の法令が必ずしもその規定によつて全国的に一律に同一内容の規制を施す趣旨ではなく，それぞれの普通地方公共団体において，その地方の実情に応じて，別段の規制を施すことを容認する趣旨であると解されるとき」に限って，法律の範囲内であると認められます。

　抽象的な説明だけでは分かりづらいでしょうから，1つ具体例を挙げましょう。狂犬病予防法という法律は，「狂犬病の発生を予防し，そのまん延を防止し，及びこれを撲滅することにより，公衆衛生の向上及び公共の福祉の増進を図ること」を目的として，犬所有者の義務等を定めています（例えば「犬を取得した日……から三十日以内に……犬の登録を申請しなければならない」ことなど）。これに対し，長崎県諫早市の犬取締条例は，「犬による人の身体又は財産への被害を防止し，もって市民生活の安全及び公衆衛生の向上を図ること」を目的として，犬の飼い主の義務等を定めています（例えば「飼い犬を連れ出すときは，丈夫なくさり又は綱をかけ，人をかむおそれのある場合は，口輪をかけること」など）。

条例が「法律の範囲内」か否かの判断例

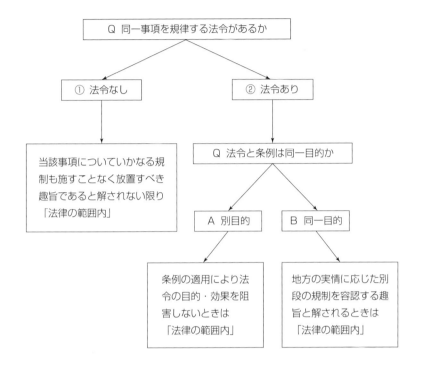

さて，この条例は「法律の範囲内」でしょうか。徳島市公安条例事件判決の基準に従って検討してみましょう。

　まず，条例と同じ事項を規律する法律が存在するか否かですが，諫早市犬取締条例は犬の飼い主の義務等を定めているところ，狂犬病予防法も犬の所有者の義務等を定めていますので，条例と同じ事項を規律する法律が存在するといえます。

　そこで次に，条例の目的と法律の目的が同一であるか否かを検討します。すると，諫早市犬取締条例の目的は，犬が人にかみついてケガをさせること等を防止することであるのに対し，狂犬病予防法の目的は，狂犬病の発生を予防することですから，両者は別目的だといえます。

　とすれば，問題は，条例の適用によって法律の目的・効果が阻害されないか

という点に絞られます。この点，諫早市犬取締条例は，飼い犬が人にかみつくことを防止するための規定を置いていますので，狂犬病予防法の目的である狂犬病予防を促進こそすれ，それを阻害することはないと考えられます。

　したがって，諫早市犬取締条例は「法律の範囲内」であるといえます。ちなみに，犬の取締りに関する条例は，諫早市だけでなく，多くの地方公共団体で制定されています。犬を飼っている方は，お住いの地域でどのようなルールが定められているか，ぜひ調べてみてください。

はじめに

人権という言葉を耳にすることはしばしばありますが，皆さんが人権を守る（保障する）という言葉から連想するのは，「人の命を大事にすること」や「差別やいじめをなくすこと」などではないでしょうか？たしかに，そのとおりです。人権保障という考え方の基本には，人ひとりひとりには価値がある，という考え方があります。ただ，憲法で学ぶ人権は，そのような社会にある人権イメージとはちょっと違うかもしれません。第1章で勉強したように，憲法とは国の基本法で，国家権力の濫用から国民の権利・自由を守るためにあるものでしたね。ですから，憲法の人権は，原則として国などの強い権力が，私たち弱いひとりひとりの人間を侵害しないようにルール化されたものなのです。

この章ではまず，人権という考え方がどのようにして誕生し，どのような歴史的経緯で，憲法上保障されるようになったのかを見てみましょう。また，人権はどういう場合に制約されるのかなど，第9章以降の人権各論を理解する上でも重要な基本的知識を学びましょう。

Ⅰ　人権とは何か

「**人権**（human rights）」とは，17-18世紀の市民革命の時代に欧米で誕生した概念で，一般に「**人が生まれながらに当然に有する権利**」といわれます。その起源は古く，1215年のイングランドで，貴族らが国王の権限を制限し，自分たちの権利（特権）を承認させた文書マグナ・カルタにまでさかのぼるとされています。ただ，現在のように**すべての人が有する権利**としての人権概念の原型が形作られたのは，近代の市民革命期といってよいでしょう。

この概念の思想的背景には，17世紀イギリスの思想家ジョン・ロック（1632-1704）などによって説かれた**自然権思想**があるといわれています。自然権とは，政府が樹立される以前の自然状態において人が生まれながらに有するとされる権利で，政府は人々の契約によって成立したとする社会契約論の基礎にある権利です（→第1章）。

この思想の影響を受けた有名な文書として，例えば1776年のアメリカ独立宣言があります。そこには，「**すべての人間は生まれながらに平等であり，その**

創造主によって，生命，自由，および幸福の追求を含む**不可侵の権利を与えられている**」と書かれています。ここに，人権概念の核心ともいえる「人が生まれながらに当然に有する権利」という考え方が見て取れます。

日本国憲法では，憲法第3章「国民の権利及び義務」にこの人権を規定し，そこに書かれたものを特に基本的人権と総称しています。そして，11条や97条では，人類が幾多の試練に耐えて獲得したものこそが人権であり，国民はすべての基本的人権の享有を妨げられないこと，そしてそれ

基本的人権のカテゴリー

自由権	[精神的自由] 思想・良心の自由（19条） 信教の自由（20条） 表現の自由（21条） 学問の自由（23条） [経済的自由] 職業選択の自由（22条） 財産権（29条） [人身の自由] 奴隷的拘束・拷問の禁止（18条） 適正手続の保障（31条） 刑事被告人の権利など刑事手続上の人権保障（33条〜39条）
社会権	生存権（25条） 教育を受ける権利（26条） 労働基本権（28条）
国務請求権	裁判を受ける権利（32条） 国家賠償請求権（17条） 刑事補償請求権（40条）
参政権	選挙権（15条） 請願権（16条）
包括的権利	幸福追求権（13条）
法の下の平等	法の下の平等・華族制度の廃止（14条） 婚姻の自由（24条）

は「侵すことのできない永久の権利」であることが指摘され，人権の重要とその不可侵性が述べられています。しかし，このような基本的人権の保障は，ただ“保障される”と書かれるだけでは実効性がありません。その保障を確実にするためのシステムが必要です。日本国憲法では，国の各機関の**権力分立**を定めて，国家権力が国民の権利を侵害しないよう，それを分けて，それぞれ異なる国家機関に担わせ，相互に抑制・均衡の関係においています（→第1章）。その中でも特に，裁判所による**違憲審査制**（81条）（→第6章）は，行政府や立法府などの公権力の行為による人権侵害から国民を守るために，重要な制度といえるでしょう。このように，日本国憲法が人権保障に万全のシステムを整えたのは，戦前の大日本帝国憲法への反省でもあります。戦前の憲法のもとでは，人権は天皇の恩恵によって与えられた「臣民」の権利とされ，法律によってそれを制限することも可能だったのです（→第2章）。

ところで，日本国憲法の基本的人権は，各人権の性格や歴史的背景の違いから，大きく①［**自由権**］（→第11章，12章，13章），②［**社会権**］（→第14章），③［**国務請求権**］（→第13章），④［**参政権**］（→第15章），⑤［**包括的権利**］（→第9章），⑥［**法の下の平等**］（→第10章）の6つのカテゴリーに分類されます。①はさらに，精神的自由権，経済的自由権，人身の自由にグループ分けされます。また，⑤は幸福追求権（13条）と呼ばれ，15条以下に明示的に規定されていない基本的人権を保障しているものと考えられています。

Ⅱ　人権の歴史

現代社会において人権は，一国の憲法ではもちろんのこと国際法においても保障されています。いまだ，世界では人権を蹂躙（じゅうりん）するような出来事があちこちで起こってはいますが，それでも，人権はもはや地球上において普遍的な価値となるに至っているといってよいでしょう。

ところで，このような人権思想は18世紀に誕生して以来，どのような発展をとげてきたのでしょうか。前掲の基本的人権のカテゴリーにそって，その歴史を概観してみましょう。

1　［自由権］から［社会権］へ
（1）「国家からの自由」

近代以前の西欧諸国は，封建社会でした。封建社会は身分制社会でもあり，各身分によって権利のあり方が異なっていました。

身分制社会において，「特権階級」たる貴族など社会の上層部に位置する人々は，まさに彼らのみが有する「特権」を保持し，社会の下層にある人々には権利が保障されるという発想さえありませんでした。例えば，ブルボン王朝による絶対王政期のフランスでは，人々は第1身分（聖職者）と第2身分（貴族），そして第3身分（平民）に分けられており，免税や年金支給などが認められていたのは第1，第2身分のみでした。

1789年のフランス革命は，こうした体制に不満を持った第3身分の人々が中心となって起こした革命です。ここにおいて，身分制を基礎におく封建社会は

崩壊し，「特権」の代わりに，すべての人が固有の人格を有しており平等であるとの前提に立つ「人権」が政治的な文書に規定されました。人および市民の権利宣言（フランス人権宣言）6条も，「全ての市民は，法律の前に平等であり，彼らの能力に従って彼らの徳や才能以上の差別なしに，全ての公的な位階，地位，職に対して平等に資格を持つ」と述べています。もっとも，同宣言の1条で「人は自由かつ権利において平等」とされながらも，当時のフランス社会においては，混血の者やユダヤ人は「半人間」とみなされ，ここにいう「人」に含まれないと考えられており，権利を享受できる対象から外されていたことに留意すべきでしょう。また，女性は参政権が認められないなど，男性とは違う取扱いを受けていました。しかしながら，こうした留保つきにしても，人類が「人は自由かつ権利において平等」と宣言したこと自体は，大きな一歩といわなければなりません。

このように，人格の自由と平等を建前とした近代社会においては，私人相互間のことは私人間で解決するという私的自治の原則が求められ，国家権力は極力，そこに介入しないという考え方が生まれました。すなわち，**国家は最低限の秩序維持以外は社会に介入しないとする消極国家が理想と考えられたのです**（「国家からの自由」）。それゆえ人権も，私的領域への国家の介入を排除する［自由権］として保障されました。例えば，表現の自由や信教の自由をはじめとする精神的自由，経済活動の自由や私有財産の保障のほか，適正手続の保障や罪刑法定主義など，国家権力が刑事手続上，恣意的な権力行使を行わないための権利保障が行われたのです。

（2）「国家からの自由」の修正としての「国家による自由」

特に経済活動の自由と私有財産の保障は，18世紀半ばにイギリスで起こった産業革命の追い風となり，ブルジョワジー（富裕層）の経済活動を促進して，資本主義経済の発展に寄与することになりました。しかしその一方で，市場の独占や寡占などの問題が生じ，貧富の差も拡大しました。そのため，特に20世紀になると，これまでの経済的な自由放任主義をやめて，「市場の失敗」に対し政府が積極的に介入すべきだとの考え方が次第に認められるようになりました。そして人権についても，これまでの私的自治の原則を前提とする考え方に再考が迫られることになります。すなわち，必要に応じて**国家が社会的弱者の**

救済のために積極的に社会に介入する積極国家（福祉国家）が求められるようになったのです（「国家による自由」）。

　この考え方をいち早く憲法の中に取り入れたのは，ドイツでした。1919年のワイマール憲法は，当時の西欧先進国の中では初めて社会権を規定しました。その151条では「経済生活の秩序は，すべての人に，人たるに値する生存を保障することを目指す正義の諸原則に適合するものでなければならない。各人の経済的自由は，この限界内においてこれを確保するものとする」とし，経済活動に福祉国家的観点から一定の制約が加えられることを示唆しました。また，ワイマール期ドイツのような憲法の規定を持たないアメリカでも，1929年に始まった世界恐慌に対処すべくニューディール政策が実施され，失業をなくすため労働者保護立法を積極的に推進するなど，自由な経済領域への国家による積極的介入が行われました。

　このように，社会権的発想は20世紀以降，次第に広がっていきました。その内容としては，労働基本権や社会保障の権利などがあげられます。

（3）　権利をどうやって主張するのか

　このように，［自由権］と［社会権］は，それぞれのカテゴリーが誕生した歴史的な事情が異なるため，その権利主張の仕方も異なっています。これは少し難しい話ですので，敢えて単純化して説明しましょう。［自由権］は，国家に対して例えば「私の宗教活動を妨げないで欲しい」（20条の信教の自由）といった不作為を求め，かつ国家がその妨害行為をやめることでただちに権利が実現されます。他方で［社会権］は，「私に最低限の生活を保障して欲しい」（25条の生存権）というように国家に何らかの作為（生活保護費の支給など）を求めるため，権利を主張することでただちにその保障が実現されるとは限らないことに留意する必要があります。

　もっとも，権利の性質は複雑で多様であり，例えば［社会権］に分類される人権でありながらも自由権的性格をもつもの（団結権など）などがあります。

2　［国務請求権］［参政権］など

　日本国憲法では，それ以外にも裁判を受ける権利や国家賠償請求権など，国家に一定のサービスを要求する［国務請求権］や国政に参加するための［参政

権]もあります。

　［国務請求権］は，国家の何らかの作為を要求するという点で［社会権］と
類似していますが，歴史的には近代以前から認められていた権利で，裁判を受
けることや刑事補償など，国家の制度的サービスを要求するものです。また
［参政権］も，歴史的には古くから存在していますが，国民すべてに認められ
る権利として制度的に憲法で保障されるようになったのは近代以降といえるで
しょう。日本においても完全な普通選挙制の導入は，戦後になってからです。

　このほか，［包括的権利］には「新しい人権」と呼ばれる様々な権利内容が
考えられていますが，その成立の背景は各権利によって異なります。また，
［法の下の平等］は，戦後日本の近代化を端的にあらわしている権利であると
いえるでしょう。14条2項には，華族制度（貴族制度）の廃止が規定されてお
り，これは日本における身分制の終焉を意味しています。

3　人権の国際化

　また，人権の歴史を語る上で欠かせないのが，その保障システムの国際化で
す。現在の国家のスタイルである「近代国家」とは，国境を画定し，その域内
において固有の統治権を発動するもので，他国がそこに介入することは国家主
権の侵害と考えられています。したがって人権保障のあり方も，各国の憲法に
委ねられてきました。しかしながら，2度の大戦を経験し，とりわけ第2次世
界大戦中のナチス・ドイツによる非人道的虐殺行為に震撼した世界は，国際的
な枠組みのもとでの人権保障の必要性を実感したのです。そして，第2次世界
大戦後の1948年に世界人権宣言が採択され，その後，自由権規約，社会権規約
や人種差別撤廃条約など次々と国際的な人権保障のための条約が採択されまし
た。しかし，世界中のすべての国家がこれらの条約の締約国（加盟国）になっ
ているわけではありません。また締約国であったとしても，そこに書かれた人
権保障を各国が確実に行うわけではありません。こうした問題に対応するた
め，国連憲章や各人権条約に基づく人権委員会が設置され，各国の条約遵守状
況を調査・報告するシステムがあります。

III　人権の制約可能性

　以上のような背景を踏まえ，日本国憲法では基本的人権を「侵すことのできない永久の権利」(11条，97条) すなわち不可侵の権利として保障しています。

　しかし，このような人権は無制限に保障されるわけではありません。例えば，誰かが閑静な住宅地の屋外で真夜中に大声で歌っていたら，それは単なる迷惑行為ではないでしょうか。それとも，憲法では表現の自由 (21条) が保障されているのだから，その人の「好きなときに好きな場所で歌う」行為は憲法で保障されるのでしょうか。常識的に考えてみても，法がこのようなわがままで自分勝手な行為を擁護するはずがありません。このように，ある人の人権は，①他人の権利や利益を侵害する場合，また②公共の利益を侵害する場合や社会秩序を乱す場合に制約されると考えられます。12条で，人権の濫用の禁止とともに，「公共の福祉」のためにそれを利用する責任があると定められているのは，このような人権の制約可能性を意味しているものと解されます。

　この人権の制約可能性とは，人の「自由」の限界といいかえることもできるでしょう。例えば，19世紀イギリスの思想家ジョン・スチュアート・ミル (1806-1873) は，他者に危害を加えない限りで人は自由であるとの考え方 (危害の原理) を提示しました。人権の制約の背景には，この考え方があるといえるでしょう。したがって，作家は自由に小説を書くことができますが (表現の自由)，それによって他人のプライバシーを侵害することは (プライバシー権)，原則として許されません (①の場合の制約)。また，国家公務員が職務上知り得た秘密を口外することは，法律で禁止されています (国公100条)。これは，その公務員の表現の自由の侵害にはあたりません。例えば外交上重要な秘密が，関係する公務員によって口外されると，国家間の信頼関係に亀裂が生じる，あるいは国民が混乱に陥るなどの公共の利益が侵害される可能性が高いからです (②の場合の制約)。

　では，他人に危害を加えたり公共の利益を侵害したりしなければ，何をしてもよいのでしょうか。例えば，自殺の自由は憲法で保障されるのでしょうか。たしかに，自殺は他人の権利や公共の利益を侵害することはないかもしれませ

ん。このような場合は，本人の生命保護のための**パターナリスティックな制約**（ラテン語の「pater＝父親」が語源であり，強い立場のものが弱い立場のものの利益保護の観点から行う介入をさします）に服するものと考えられます。

　実際に，ある人権が制約されるかどうか，また制約される場合，どの程度制約されるかについては，裁判所が違憲審査権を行使する中で，事案ごとに，制約の必要性，当該制約の目的とそのための手段の相当性などを利益衡量して慎重に判断していくことになります。利益衡量とは法律学の専門用語で，言葉のシンプルな意味は「異なる利益を秤にかけて，どちらがより重いかをはかる」ということです。「衡」も「量」も，ものさしやはかりを意味しています。ギリシャ神話の法と正義の女神テミスは天秤を持った姿をしていますが，ここでは物の重さをはかる天秤が，公平さや正義のシンボルとされているのです。この利益衡量は，法的判断をくだす様々な局面で行われます。人権の制約が問題となる場面でも，その制約によって得られる利益と失われる利益を，制約目的や制約手段などの様々な観点から（頭の中で）はかりにかけて比較検討し，より利益が大きいと考えられる判断をくだします。これだけでは抽象的すぎてイメージがしにくいと思いますから，具体的な判例の検討の中で見ていきましょう。

Ⅳ　人権の主体

　人権の主体とは，誰が日本国憲法の基本的人権保障の対象となるのか，という問題です。この点，憲法第3章は明確に「国民の権利及び義務」と題されているため，「国民」がこの享有主体であることは明らかです。では，日本に滞在する外国人には，基本的人権の保障は及ぶのでしょうか。人の集合体である団体はどうでしょうか。さらに，天皇や皇族は基本的人権の享有主体となりうるのでしょうか。

　また，基本的人権の享有主体であるには違いないのですが，判断能力が不十分な未成年者や障害者等の権利行使を，法律で一定程度制約することは可能なのでしょうか。公務員は，その立場上，特別な制約に服するのでしょうか。

　これらをまとめて，基本的人権の主体をめぐる問題として，検討してみるこ

とにしましょう。

1　外国人の人権

　憲法には「国民たる要件は，法律でこれを定める」（10条）とあるため，基本的人権の享有主体たる日本国民とは，国籍法に基づいて日本国籍を取得した者を意味します。日本国民以外で日本に滞在している者が，ここで問題となる外国人です。ただし，この外国人にも，永住許可申請をして認められた一般永住者や，法律（日本国との平和条約に基づき日本の国籍を離脱した者等の出入国管理に関する特例法）が定める**特別永住者**，法務大臣が一定の在留期間を指定して認める定住者など，法制度上様々な区別があることに留意すべきです。

　わが国における外国人の人権問題の中心にあるのが，法律の定める特別永住者の問題です。特別永住者とは，その多くは朝鮮半島出自の人々で（ほかに台湾出自の特別永住者もいます），一般に「**在日コリアン**」と呼ばれています。この在日コリアンの経緯について少し見てみることにしましょう。日本は，1910年に朝鮮半島を併合し日本の領土としました（韓国併合）。この朝鮮半島支配は，1945年に日本が敗戦し，ポツダム宣言を受け入れる降伏文書に調印をするまで続きます。その後，サンフランシスコ平和条約（1952年）により，条約上，正式に半島の領有権を放棄しました。これにより，併合下の日本にあった朝鮮半島系の人々は一律に日本国籍を喪失することになりました。そのため，元日本籍だったこれらの人々は韓国籍や朝鮮籍となり，そのまま日本で生活をし続けています。これらの人々は，法律上は外国籍であるため，「日本国民」と同様の法的保障が受けられない場合があるのです。

　近代憲法の人権保障は，先に述べたように各国で行うのが原則ですから，各人はまず自分の国籍国の憲法による保障を受けます。しかし人権が人固有の権利であり，現代では普遍的な価値をもつと考えられることにかんがみると，通説は，日本に滞在する外国人にも，権利の性質上可能な限り日本国憲法の基本的人権の保障が及ぶものと考えています（**権利性質説**）。この点について，リーディングケースとなった判例は，マクリーン事件（最大判1978年10月4日）です。これは，日本国内で政治活動を行った外国人（旧出入国管理令4条等に基づき，在留期間を1年として入国を許可された）が法務大臣によって在留期間の更新を拒

否されたことが問題となった事件で，基本的人権は「権利の性質上日本国民の
みをその対象としていると解されるものを除き，わが国に在留する外国人に対
しても等しく及ぶ」と述べており，権利性質説の立場に立っていると解されて
います。

　では実際のところ，外国人の人権保障はどうなっているのでしょうか。これ
まで判例で問題となってきたことを中心に，個別にみてみましょう。

（1） 入国・再入国の自由

　日本国民の入国の自由は22条で保障されていますが，外国人について判例・
通説は，国際慣習法上，各国の自由裁量に委ねられると考えています。これに
関して前掲マクリーン事件判決では，外国人の基本的人権がその在留制度のわ
く内で保障される以上，在留中の政治活動を在留期間更新の際に消極的事情と
して考慮されてもやむをえないとし，在留更新の許可・不許可は法務大臣の広
い裁量であると述べています。また判例では，再入国の自由も否定されていま
す。

（2） 精神的自由

　精神的自由権は，日本人と同様に保障されると，通説は考えています。マク
リーン事件でも，外国人の政治活動の自由について「わが国の政治的意思決定
又はその実施に影響を及ぼす活動等外国人の地位にかんがみこれを認めること
が相当でないと解されるもの」を除いて，その保障が及ぶと述べています。

（3） 経済的自由

　経済的自由権については，職種や業務内容によって職業選択の自由や営業の
自由に制限がかかる場合があります。この点について近年問題になっているの
が，公務員の国籍要件です。国籍要件とは，特定の職種に就くにあたり，日本
国籍をもつ日本国民であることが法律上の要件とされることです。

　公務員は，すべての職種について，法律で国籍要件が定められているわけで
はありませんが，原則として日本国籍保持者でなければなりません。これにつ
いて日本政府（内閣法制局）は，1953年に「公務員に関する当然の法理として，
公権力の行使または国家意思の形成への参画にたずさわる公務員となるために
は，日本国籍を必要とする」との公式見解を示しました。判例も，東京都の保
健師である在日韓国人（特別永住者）が国籍を理由に管理職試験の受験を拒否

されたことが問題となった事件において，国民主権の原理から「原則として日本の国籍を有する者が公権力行使等地方公務員に就任することが想定されている」と述べています（最大判2005年1月26日〔東京都管理職受験拒否訴訟〕）。もっとも，地方公務員のうち公権力行使を伴わない一般事務職など一定の職種については，外国籍であっても日本の公務員になることができます。

（4） 社会権

社会権は，各種の制度実現のための経済的負担を税金等によって国民が担うため，その性質上，各人の所属する国家によって保障されるのが原則と考えられてきました。しかし，わが国が1981年に難民の地位に関する条約を批准したことにともない，社会保障関係法令から国籍要件が原則として撤廃されました。もっとも，外国籍の者の障害福祉年金の受給資格が争われた事件では，社会保障政策において自国民を在留外国人より優先的に扱うことも許されるとし，それは立法府の裁量の範囲に属する事柄であると述べています（最判1989年3月2日〔塩見訴訟〕）。

教育を受ける権利との関連で問題となるのが，外国人児童の就学の権利です。外国人の子どもには，日本の法令上就学義務がありません。しかし，社会権規約13条により，入学を希望する者については公立小中学校への受け入れを保障しています。これについて近年問題となっているのは，非正規在留外国人（いわゆる不法滞在）の子どもの就学問題です。2012年に，これまであった外国人登録制度に代わって，住民登録制度ができたことにより，外国人も住民登録されることになりました。旧制度では非正規在留外国人も外国人登録されていましたが，新制度では住民登録の対象から外されることになったため（新制度は，適法に3か月を超えて日本に在留している外国人を対象としています），非正規在留外国人については日本での在留を証明することができなくなったのです。つまり，ある自治体の公立小中学校に通うためには，その自治体に住んでいることが証明できなければなりませんが，非正規在留外国人の子どもの場合，住民登録がないために，この証明ができないのです。これについて，2012年7月5日に文部科学省初等中等教育局長が出した通達「外国人の子どもの就学機会の確保に当たっての留意点について」は，「仮に，在留カード等の提示がない場合であっても，一定の信頼が得られると判断できる書類により，居住地等の確

認を行うなど，柔軟な対応を行うこと」としており，住民登録がなくても，自治体が子どもの居住地の確認をした上で就学を認めるよう指示しています。

このような非正規在留外国人へのサービス提供（ほかにも医療サービスなどがあります）は，日本政府の裁量であって，憲法上の人権保障ではないと考えられます。

（5）　参政権

公職選挙法は，国政選挙と地方選挙いずれにおいても，選挙権・被選挙権（同法9，10条）ともに，日本国民であることを要件としています。通説も，国政選挙については，国民主権の原理の観点から，選挙権・被選挙権ともに日本国籍を有しない者には認められないとの立場です（禁止説）。

しかし地方選挙については，少なくとも定住外国人（特別永住者）に関して，それを認めるかどうかは立法政策の問題である，との最高裁の見解が示されています（許容説）。憲法93条にいう「住民」に外国人は含まれず，したがって外国人に地方公共団体の長や議会の議員等の選挙権を保障したものではないが，民主主義社会における地方自治の重要性にかんがみ，「我が国に在留する外国人のうちでも永住者等であってその居住する区域の地方公共団体と特段に緊密な関係を持つに至ったと認められるもの」について選挙権を付与する措置を講ずることは，「専ら国の立法政策にかかわる事柄」であるとしたのです（最判1995年2月28日〔定住外国人参政権訴訟〕）。

2　団体の人権

社会にある団体のうち，法人とは，自然人（生身の人間）以外で法律上の権利義務の主体となれる組織体をさしています。例えば，学校法人，宗教法人，株式会社などです。これらの団体は，法律によって「法人」の資格を得て，自然人同様に法律上の権利能力を有するのです。しかし社会にはこのような法人ではない団体もあります。団体の憲法上の人権享有主体性が，憲法よりも下位の法律によって付与される法人格を有するか，あるいは有しないかによって決定されるのは本末転倒です。したがって，ここでは法人格を有する団体もそうでない団体も，まとめて団体として考えます。

判例・通説は，法人（団体）の社会的役割にかんがみて，**権利の性質上可能**

な限り認められると考えています（最大判1970年6月24日〔八幡製鉄事件〕）。例えば団体に不当な抑留・拘禁の禁止を定めた34条や拷問や残虐な刑罰の禁止を定めた36条は適用されないでしょう。団体そのものを拘禁したり拷問したりすることは物理的に不可能だからです。

　もっとも団体の人権を可能な限り認めるとしても，団体とその構成員たる個人との関係については，別途，検討が必要でしょう。これについては，結社の自由で詳しくみます。（→第11章）

3　天皇・皇族の人権 (→第3章)

　天皇は，1条で「象徴」という特殊な地位を与えられた存在です。それゆえ，「象徴」としての立場から導かれる様々な制約に服すると考えられています。例えば，天皇は，天皇以外の職業を選べず，自由にやめることも許されていません。現行法上，退位は崩御のときのみです（皇室典範4条）。なお，平成の天皇（現上皇）の退位については，生前退位の意向を受けて，この典範4条に特例を設けました（天皇の退位等に関する皇室典範特例法）。

　また皇族も，皇室典範に基づき，皇位継承の順序や婚姻について，特別なルールに従わなければなりません。例えば，皇太子やそのほかの皇族男子の婚姻については，皇室会議にかけなければなりません（典範10条）。この点で，婚姻の自由が憲法24条で認められている国民とは異なります。

　いずれにしても，天皇・皇族は法の下の平等を定めて華族制度を廃止した14条の例外的存在であると考えるべきでしょう。

4　未成年者・障害者等に対する法律上の制約

　未成年者や障害者等が基本的人権の享有主体であることはいうまでもありません。しかし，例えば民法5条1項では，「未成年者が法律行為をするには，その法定代理人の同意を得なければならない」と定められています。また「精神上の障害により事理を弁識する能力」を欠く，あるいはその能力が不十分である者等については，家庭裁判所の審判を経てのち，後見人や保佐人，補助人等を付すことができることになっています（同法7・8・11・12・15・16条参照）。これら法律上の制約は，憲法で保障される契約の自由などの侵害にはならない

と考えられます。なぜなら，これら法律上の制約は，未成年者や障害者等の判断能力の未熟さや不十分さを考慮し，その法律的利益や権利を保護するために付される制約だからです。このように，パターナリスティックな制約は一般には正当化されていますが，行き過ぎた介入は自由への干渉となるため，個別に検討を要します。

5 公務員の人権

99条は，「天皇又は摂政及び国務大臣，国会議員，裁判官その他の公務員は，この憲法を尊重し擁護する義務を負ふ」と定めています（→第1章）。また15条2項では，「すべて公務員は，全体の奉仕者であつて，一部の奉仕者ではない」とされ，公務員は，憲法を守り，特定の人や利益のためではなく，全体の利益のために奉仕することが，憲法上求められています。そのため，非公務員とは異なる制約に服します。

これまで問題になったものに公務員の政治活動があります。全体の奉仕者である公務員が，特定の政党を支持するような行動をとれば中立性が損なわれるおそれがあります。したがって，そのような行為は原則として許されない考えることができます。この点について，かつての判例は，勤務時間外であっても郵便局員が公営掲示板に政党のポスターを貼ることは，国家公務員法の禁ずる「政治的行為」にあたり，それに罰則を適用したとしても，21条等の侵害にはならないとしました（最大判1974年11月6日〔猿払事件〕）。しかしその後，旧社会保険庁の厚生労働事務官が共産党の機関誌「赤旗」を配布した堀越事件において，判例は一定の公務員の政治活動の自由を認める判決を出しました（最判2012年12月7日）。この事件では，管理職ではない公務員が，勤務時間外に公務員であることを明らかにせず無言で郵便受けに政党の機関誌を配布した行為が問題となりました。判例は，当該行為が「公務員の職務の遂行の中立性を損なうおそれがある行為」であるかどうかという判断基準を示し，本件の場合，管理職ではない公務員によって，公務員であることを明らかにせず行われた行為であるから，「職務の遂行の中立性」を損なうおそれがないと判断されたのです。

また公務員は，労働基本権が大幅に制限されています。例えば，警察，消

第8章 人権総論 109

防，自衛隊等の職員はすべての労働基本権が否定されています。公務員の労働基本権については，社会権のところで改めて検討します。（→第14章）

V　人権規定の私人間効力

　最後に，基本的人権は，誰に対して，どのように主張することができるのかという問題を考えてみましょう。99条の憲法尊重擁護義務の規定にみられるように，憲法を守る義務があるのは国家（とその公務員）であり，人権はそのような公権力の侵害から国民の自由を守るために，憲法に規定されたものです。**つまり，原則として人権は，国・地方公共団体（公権力）に対して主張される**ものなのです。

　しかし，人権を侵害する存在は公権力に限りません。例えば，私企業が社員を不当な理由で解雇する場合を考えてみましょう。この巨大な権力をもつ強い私人（私企業）と弱い私人（社員）との関係は，公権力による人権侵害の構造と類似しています。弱い私人は強い私人に対抗するために，「人権」という盾を必要とするのではないでしょうか。このように，公権力とは関係のない私人同士の関係には，通常，民事法が適用されます。

　これは，公権力が私人間に介入することを原則として認めない私的自治の原則という法の一般原則があるからです。これは民事法がカバーする領域で，公権力から個人（私人）を守るためにある憲法は，本来的に関わるべきではない領域なのです。しかし，場合によっては，憲法の規定が，民法の一般規定（民90条，709条）などを媒介にして，この関係に間接的に適用されることもあります（最大判1973年12月12日〔三菱樹脂事件〕）（→第11章）。

第 **9** 章　幸福追求権

はじめに

　新型コロナウイルス対策の手法の１つとして注目を集めたのが，デジタル技術の活用でした。スマートフォンを通じて濃厚接触者を追跡し，これらの人々に注意を促すことで，感染拡大防止を図ることができると考えられたのです。このような目的から，各国において接触確認アプリの導入が進められ，日本でも「COCOA（COVID-19 Contact-Confirming Application）」が提供されました。

　ただし，デジタル技術の活用方法は，国によって大きく異なりました。その原因は主に，プライバシーの考え方にあります。つまり，感染症対策の有効性だけを考えれば，政府が人々の行動をできるだけ詳細に把握するのがよい，ということになります。実際に，政府がスマートフォンの位置情報から感染者の行動履歴を割り出し，それを公開するといった手法をとった国もあったようです。しかし，感染症対策のためとはいえ，政府が個人の行動に関する情報を収集・利用することは，プライバシー侵害にあたる恐れがあります。

　COCOAに関しては，個人や端末が特定されず，アプリのダウンロードも陽性登録も利用者自身が行い，接触記録の管理や接触者のマッチングは中央サーバーではなく端末で行われるなど，かなりの程度プライバシーへの配慮がなされていました。その一方で，普及率や陽性登録数の低さから，その有効性を疑問視する向きもあり，感染症対策とプライバシー保護の間のバランスをどのようにとるかは，難しい問題だといえるでしょう。

　なお，COCOAは，陽性者の全数届出の見直しにより，効果が限定的になったことから，機能が停止されることになりました。

I　幸福追求権とは

1　「新しい人権」の保障

　憲法第３章の「国民の権利及び義務」を見てみると，思想・良心の自由（19条），信教の自由（20条１項前段・２項），表現の自由（21条１項）など，様々な人権が挙がっていることが分かります。しかし，憲法上の権利は，これらの明文で認められた個別の人権に尽きるわけではありません。なぜなら，憲法制定の時点において明記されていなかった権利が，憲法13条を根拠として，憲法上保

障される場合があるからです。

憲法13条は，前段の**個人の尊重**原理を受けて，後段において「生命，自由及び幸福追求に対する国民の権利」の保障を定めています。これら後段の権利は，一括して**幸福追求権**と呼ばれています。幸福追求権は，憲法が制定された当初，個別の人権をすべてまとめてそう名付けただけで，そこからさらに具体的な権利を引き出すことはできないとされていました。しかし，憲法の人権規定は，憲法以前に成立している人権のうち，特に重要なものだけを取り上げたに過ぎません。また，社会・経済の変化によって発生した新たな問題に対処するためには，明文で挙がっていない権利・利益を憲法によって保障することが必要となります。これらの理由から，現在では，幸福追求権は憲法に書かれていない「**新しい人権**」を広く保障する，**包括的権利**であると考えられています（→第8章）。

例えば，プライバシー権は，1960年代にその重要性が認められ，「新しい人権」の1つだと考えられるようになりました。その背景には，マスメディアの発達によって個人の私生活が脅かされるようになり，プライバシー保護の必要性が高まったという事情があります。また，環境権の成立も，高度経済成長期に，大気汚染，水質汚濁，騒音，振動などが深刻化したことがきっかけとなっています。これらの公害問題に対処し，良好な環境を享受するために，環境権が主張されるようになったのです（ただし，環境権を憲法上の権利として認めた判例は存在しません）。

2　保障の意義と範囲

13条の幸福追求権としては，先に挙げたプライバシー権や環境権のほか，日照権，静穏権など，実に様々な権利が主張されてきました。確かに，私たちの生活の中には，憲法に書かれていない権利・利益が無数に存在しており，これらをすべて幸福追求権に含めようとする見解もあります（一般的自由説）。この見解によれば，例えば散歩や昼寝も，散歩の自由や昼寝の自由として，憲法上保障されることになります。しかし，通説は，人の行動一般ではなく，そのうち個人の人格にとって不可欠なものだけを，13条によって保護すべきだとしています（**人格的利益説**）。なぜなら，あまり重要ではない権利まで幸福追求権に

含めてしまうと，憲法によって保障される権利が過剰になり，その価値が全体として低下してしまうからです。その結果，通説の考え方に立つと，散歩や昼寝は，個人の人格にとって不可欠であるとまでは言い難く，憲法によって保護する必要はないということになります。もちろん，憲法上の権利ではないからといって，何の理由もなくそれらを禁止したり，制限したりすることは許されません（→本章Ⅳ）。

Ⅱ　人格権

1　人格の保護

　幸福追求権に含まれる権利のうち，争いのないものとして，**人格権**と呼ばれる一連の権利があります。人格権は，生命，身体，精神など，人の人格に関わる利益のまとまりを指します。通説は，人格を備えた人間を，人権を行使するための基礎であると見なしており，人の人格それ自体の保護を重要視してきました。以下では，人格権の中でも代表的な**名誉権**と**プライバシー権**について見てみましょう。

2　名誉権

　名誉とは，その人の社会における評価を指します。例えば，ある人が政治家として優れていると一般的に評価されている場合，その人の持つ政治家としての信用や名声が，名誉として保護されます。

　名誉の保護に関しては，法律に規定があります。しかし，先に述べたように，それは人格権として重要であることから，憲法上の保護に値すると考えられるようになりました。最高裁も，**北方ジャーナル事件**において，「人格権としての個人の名誉の保護（憲法13条）」（最大判1986年6月11日）と述べ，このことを認めています。

　もっとも，名誉権は，表現の自由（21条1項）という重要な人権と衝突することが多いため，それがどこまで保障されるかは，両者の調整の問題だとされています。最高裁も，北方ジャーナル事件において，名誉権と表現の自由との調和を要求しています（→第11章）。

3 プライバシー権

　プライバシー権は，憲法13条の幸福追求権の1つとして比較的早くから学説・判例において認められてきました。今日では，個人情報保護法など，プライバシー保護のための法律も整備されるようになっています。しかし，情報通信技術の目覚ましい発達によって，個人のプライバシーは以前に増して脅威に晒されるようになっています。このような中でプライバシー権をどのように保護していくかは，難しい課題です。

（1）　沿　革

　プライバシー権をめぐる議論の契機となったのは，「宴のあと」事件（東京地判1964年9月28日）でした。この事件では，著名な政治家をモデルとした三島由紀夫の小説「宴のあと」が，その政治家のプライバシーを侵害したかが争われました。東京地裁は，プライバシー権を**「私生活をみだりに公開されない法的保障ないし権利」**と定義し，それが「今日のマスコミュニケーションの発達した社会では個人の尊厳を保ち幸福の追求を保障するうえにおいて必要不可欠」であると述べました。この事件をきっかけとして，プライバシー権を憲法上の権利として確立しようとする動きが高まります。今日では，それが憲法13条の幸福追求権の1つであることについて，異論はないといってよいでしょう。

　最高裁も，プライバシーという言葉を必ずしも使ってはいませんが，それが憲法上の権利として保護されるべきことを実質的に認めています。例えば，警察官による写真撮影が問題となった**京都府学連事件**（最大判1969年12月24日）では，「何人も，その承諾なしに，みだりにその容ぼう・姿態を撮影されない自由を有」し，「警察官が，正当な理由もないのに，個人の容ぼう等を撮影することは，憲法13条の趣旨に反し，許されない」とされました。また，**前科照会事件**（最判1981年4月14日）では，区長が弁護士からの照会に応じて前科を漏えいしたことに対して，「前科及び犯罪経歴は人の名誉，信用に直接かかわる事項であり」，「市区町村長が，……前科等をみだりに漏えいしてはならない」と判示されました。

（2）　保障の内容

　プライバシー権は，伝統的に，個人の私的領域に他者を無断で立ち入らせな

いという意味で理解され，他者の妨害を排除する**消極的・自由権的**な権利だとされていました。このような理解は，19世紀末のアメリカにおいて，プライバシー権が「**一人で放っておいてもらう権利**（right to be let alone）」として主張され，私法上の権利として確立されたことに由来します。

　しかし，プライバシー権の消極的・自由権的な理解は，次第に不十分だとされるようになります。というのも，現代社会においては個人情報のやり取りが日常的に行われ，他者との関わり合いを避けることができないからです。とりわけ積極国家化が進むと，国は国民の生活を細かく把握するために，個人情報を収集・管理するようになりました。また，コンピューターなどの情報通信技術の発達によって，情報処理の量および速度が格段に上がり，大量の個人情報がデータベースとして保存・利用されるようになりました。このような巨大なデータベースは，行政の効率化には役立つ一方，個人のプライバシーにとっては脅威となり得ます。例えば，本人の知らないうちに誤った情報が記録され，それによって不利益を被ったり，別々に集積されていたある人の情報が不正に結び付けられて，その人の全貌が明らかにされたりすることがあるからです。

　そこで，プライバシー権を，他者が自己の個人情報を取扱うことを前提としながらも，その取扱い方を自分自身で決定する権利として再定義しようとする見解が有力になります。この意味でのプライバシー権は，**自己情報コントロール権**と呼ばれています。自己情報コントロール権と伝統的なプライバシー権との違いは，以下の点にあります。まず，自己情報コントロール権は，個人情報の公開だけではなく，その収集，保存，利用，廃棄といった，個人情報の取扱いに関する諸々の局面を幅広く保障する権利だとされています。また，それは自由権としての側面のみならず，本人による情報の閲覧・訂正といった，**積極的・請求権的**な側面をも含むとされています（権利の分類については，第8章を参照）。

　このような個人情報の閲覧・訂正請求権は，今日では法律に具体化されています。日本では，個人情報の保護に関する統一的なルールの整備が遅れていましたが，1988年にようやく，行政機関による個人情報の取扱いに関する法律（行政機関個人情報保護法）が制定されました。この法律には，自己情報の開示請求権が規定され，さらに2003年の改正法においては，訂正請求権も認められ

ました。また，同年には，官民に共通する個人情報保護の基本理念等を定める
と同時に，民間事業者に対して，個人情報の取扱いに関する義務を明らかにし
た法律（個人情報保護法）が制定されています。

（3）　保障の限界

　プライバシー権は，他の人権と同じように絶対的に保障されるわけではな
く，場合によっては制約を受けることがあります。プライバシー権の保障の限
界について判断するときに，通説は，個人情報のうち特に人格と関わり合いが
深いものには，手厚い保護を与えるべきだとしてきました。このような情報
は，**プライバシー固有情報**と呼ばれています。プライバシー固有情報には，思
想・信条・精神・身体といった個人の心身の基本に関する情報や，重大な社会
的差別の原因となる情報が含まれます。例えば，先に見た前科や容ぼうは，個
人の人格に関わる重要な情報に当たると考えられています。

　しかし，個人情報のデータベース化が進んだ今日において，プライバシー固
有情報と，それ以外の情報，すなわち**プライバシー外延情報**とを区別できるか
どうかは，疑問視されています。なぜなら，それ自体は必ずしも秘匿性の高く
ない情報であっても，それが他の情報と結合されることによって，個人の私生
活に重大な影響を与える場合があるからです。

　最高裁の判例にも，この点を考慮に入れたものがあります。例えば，外国人
登録の際の指紋押なつが問題とされた**指紋押なつ拒否事件**（最判1995年12月15日）
において，最高裁は，指紋は「それ自体では個人の私生活や人格，思想，信
条，良心等個人の内心に関する情報となるものではない」が，「採取された指
紋の利用方法次第では個人の私生活あるいはプライバシーが侵害される危険性
がある。」と述べました（ただし請求は棄却）。また，大学が講演会の参加者名簿
を警察に無断で交付したことが争われた，**江沢民講演会参加者名簿提出事件**
（最判2003年9月12日）においても，名簿に記載された学籍番号・氏名・住所・
電話番号は，必ずしも秘匿性の高い情報であるとはいえないものの，「自己が
欲しない他者にはみだりにこれを開示され」ないことへの期待は保護されるべ
きであり，「取扱い方によっては，個人の人格的な権利利益を損なうおそれ」
があるとされました。その結果，大学が名簿の開示について参加者に事前の承
諾を得なかったことは，プライバシー侵害に当たるとされています。

（4） 情報通信技術の発達とプライバシー

① 犯罪捜査　　近年，捜査機関による犯罪捜査において，情報通信技術の活用が進んでいます。このような捜査は，迅速かつ適確な事件の解決を可能にする一方で，プライバシー保護の観点からは問題も指摘されています。

例えば，1999年に制定された**通信傍受法**によって，捜査機関による電話などの通信の傍受が可能となりました。通信傍受は，薬物関連犯罪などの組織的犯罪の捜査において，首謀者や関与者を特定する有効な手段になり得ます。他方で，通信傍受による通信の秘密（21条2項後段）や，プライバシー権の侵害のおそれも指摘されています。そこで，通信傍受法は，傍受による捜査が必要となる場合を限定し，裁判官の発する令状をその要件とすることによって，捜査機関による濫用を防止しようとしています。

また，最近では，捜査対象者の車などにGPS（衛星利用測位システム）の発信器を取り付けて位置情報を確認するGPS捜査が，プライバシー侵害に当たるかが問題となりました。最高裁は，**GPS捜査違法判決**（最大判2017年3月15日）において，それが「個人の行動を継続的，網羅的に把握することを必然的に伴う」ことから，「個人のプライバシーを侵害し得る」と述べました。同判決によれば，GPSの秘かな装着は，憲法35条の保障する私的領域への侵入に当たり，刑事訴訟法上特別な法的根拠がなければ許されない強制処分に該当するとされています。また，捜査機関がこのような強制処分を行う際には，裁判官の令状が必要であると判示されました。

② 行政のデジタル化　　行政のデジタル化は，行政事務を効率化し，住民サービスを向上させる一方で，プライバシー侵害の懸念も持たれています。

例えば，2002年から稼働した住基ネットには，氏名・住所・生年月日・性別の基本4情報に，11桁の住民票コードなどを加えた「本人確認情報」が管理されています。確かに，これらの情報は，それ自体が個人の私生活を脅かすような，秘匿性の高い情報であるとはいえません。しかし，上述のように，プライバシー固有情報と外延情報との区別は必ずしも明確ではありません。また，ある情報を別の情報と突き合わせるデータマッチングによって個人を特定したり，住民票コードをマスターキーのように使う名寄せによって，特定の人物の情報を収集したりする目的外利用の危険性も，否定できません。そこで，住基

ネットの合憲性をめぐって，全国各地で訴訟が提起されました。

　住基ネット訴訟の最高裁判決（最判2008年3月6日）は，本人確認情報は「個人の内面に関わるような秘匿性の高い情報とはいえない」と述べて，プライバシー侵害のおそれを否定しました。最高裁によれば，住基ネットシステムの技術的欠陥による漏えいの危険はないこと，情報の受領者による目的外利用や漏えいは，懲戒処分または刑罰をもって禁止されていることなどから，本人確認情報が「第三者に開示又は公表される具体的な危険が生じているということもできない」とされました。最高裁の合憲判決を受けて，全国で住基ネットへの接続が進められ，2015年には全自治体が参加するに至っています。

　また，2015年に始まった**マイナンバー制度**によって，社会保障，税，災害対策に関して，共通の「個人番号」が導入されることになりました。この制度においては，住基ネットよりも重要な情報が扱われるうえに，上述の3つの事務については個人番号を使った名寄せが可能とされています。マイナンバー制度に対しても，プライバシー侵害を理由として個人番号の削除等を求める訴訟が全国で提起されており，その帰すうが注目されます。

　③　インターネット　　私人間におけるプライバシー侵害の加害者は，かつてはもっぱら新聞，雑誌，テレビといったマスメディアでした。しかし，インターネットが登場し，今日ではホームページ，ブログ，SNSといった媒体を通じて，誰でも気軽に情報発信を行えるようになり，一般の個人がプライバシー侵害の加害者となる事例が，著しく増大しています。インターネットにおいても，他のメディアの場合と同じく通常他人に知られたくないと思われる事柄を本人の同意なく公開することは，プライバシー侵害にあたります。

　個人情報がインターネット上に無断で掲載された場合，ウェブサイトの管理者にそれを削除するよう求めることができます。もっとも，インターネット上では情報が瞬時に拡散してしまうため，すべての情報を削除するのは困難です。そこで，近年では，個々のウェブサイトではなく，検索サイトの運営会社に削除を求める訴訟が提起されています。この問題は，過去の児童買春に関する逮捕記事の検索結果の削除を求めた事件で，さいたま地裁が「過去の犯罪を社会から『**忘れられる権利**』」を認めたことから，注目を集めました。最高裁は，この事件の上告審（最決2017年1月31日）において，プライバシーに属する

事実を公表されない法的利益と，検索結果を提供する必要性とを比較衡量し，前者が優越することが「明らか」な場合に限り，検索結果を削除すべきであるとしました。本件については，児童買春が「公共の利害に関する事項」にあたるとされ，削除請求は認められませんでした。この決定以降，検索サイト以外の媒体に対しても「明らか」な優越という基準が用いられ，削除に高いハードルが課される傾向にありました。しかし，最高裁は，多数の人々が利用し，検索機能を備えた媒体（ツイッター）において逮捕歴の削除が争われた事例では，当該媒体の「サービスの内容」や「利用の実態」等を考慮して「明らか」要件を不要とし，削除を認める判決を下しています（最判2022年6月24日）。

Ⅲ　自己決定権

1　自己決定権とは

　通説は，プライバシー権を，自己情報コントロール権に限定する一方で，それとは別に，個人が一定の私的な事柄について公権力に干渉されることなく自ら決定することを，幸福追求権を構成する1つの権利であると捉えています。この権利は，**自己決定権**と呼ばれています。

　私たちは毎日様々な選択を行っており，人生とはこのような自己決定の積み重ねだといっても過言ではありません。しかし，通説は，これらの自己決定をすべて憲法上の自己決定権に含めるのではなく，個人の人格にとって重要な決定のみを保護すべきだとしています。憲法13条によって保護されるべき自己決定権の内容としては，おおむね次の3つが挙げられます。すなわち，①世代の再生産（リプロダクション）に関わる自由，②家族の形成維持に関わる自由，③生命の処分を決める自由です。これらは，例えば朝ごはんに何を食べるかといった決定とは違って，人生において他人に任せることのできない，まさに自己決定にふさわしい事柄だといえるでしょう。

2　世代の再生産（リプロダクション）に関わる自由

　世代の再生産に関わる自由とは，**妊娠・出産**に関する自己決定を指します。避妊や妊娠中絶を禁止・制限してきたアメリカにおいては，これらの自己決定

を認めるべきかをめぐって国論が二分され，激しい議論が戦わされてきました。日本においては，アメリカほど規制が厳しくないために，これまで十分な検討がなされてきませんでした。ただし，旧優生保護法下において障害者らに不妊手術の強制がなされたことは，忘れられるべきではありません。近年，強制不妊手術が自己決定権を侵害する等として国に損害賠償を求める訴訟が，全国で提起されています。

　また生殖補助医療の発展によって，新たな問題が浮上しています。例えば，受精卵を第三者の女性の子宮に入れて出産してもらう**代理出産**は，それを規制する法律はないものの，日本産科婦人科学会が自主規制を行っているため，国内での実施は事実上ほぼ不可能となっています。代理出産は，自分では子を産むことができない女性にとって，子を持つための唯一の方法である一方，生まれてくる子の福祉や，代理母となる女性の身体的・精神的負担といった深刻な問題を含んでいます。

3　家族の形成維持に関わる自由
（1）　「家」制度の解体
　家族の形成維持に関わる自己決定には，**婚姻の自由**のほか，**離婚・再婚の自由**などが含まれます。これらの自由は，「婚姻は，両性の合意のみに基いて成立」することを定めた24条1項によって保障されていますが，その根底には，13条があるとされています。つまり，憲法は，家族関係においても個の尊重を貫き，結婚に関する本人の自己決定を保障しています。いつ誰と結婚するかを本人が決めることは，当然だと思うかもしれません。しかし，明治憲法下の民法においては，家族の身分行為には「家」の長である戸主の同意が必要とされ，本人の意思だけで結婚を決めることはできませんでした。これに対して，日本国憲法は，このような「家」制度を解体し，「個人の尊厳と両性の本質的平等に立脚」した家族制度をつくることを要求したのです。

（2）　婚姻の自由
　1947年に，民法の親族・相続編は，日本国憲法の理念に沿うように改正され，「家」制度に関わる規定は削除されました。もっとも，現行の民法の婚姻に関する規定にも，その合憲性が疑われているものがあります。その1つが，

離婚後の6ヶ月間（約180日）に女性に再婚することを禁じた，**再婚禁止期間**の規定です。2015年に，最高裁は，6ヶ月の再婚禁止期間のうち，100日を超える部分を違憲としました。もっとも，この制度を設けること自体に強い異論があり，2022年に，この規定の廃止を含む民法の改正案が成立しました（→第10章）。

　また，**夫婦同氏制**も，婚姻の自由の制約にあたるかが争われてきました。この制度の下では，夫婦のどちらかが氏を変更しなければならず，それを避けるために結婚を選択しない人が少なくないからです。最高裁は，これまで，夫婦における氏の統一は，婚姻の自由を「事実上制約」するに過ぎないとして，違憲の主張を退けています（→第10章）。

（3）　同性間の人的結合の保護

　さらに，近年では，同性愛への社会的認知が進み，同性間における婚姻，すなわち**同性婚**を憲法上の権利として認めるべきかが議論されています（→第10章）。確かに，憲法制定時において，憲法24条の「婚姻」について一対の男女が念頭に置かれていたことは，否定できません。もっとも，学説においては，「婚姻」が男女の結合に限定されるとしても，同性間の結合は，憲法13条の自己決定権として保障されるべきだとする見解も有力です。

　諸外国では，同性婚や，同性間のパートナーシップを認める法律が制定されていますが，日本にそのような法律は存在しません。しかし，一部の地方公共団体が，**同性パートナーシップ制度**を導入し，同性カップルに証明書を発行して，公営住宅への入居を認める等の取組みを行っていることが注目されます。

4　生命・身体の処分を決める自由

　生命・身体に関する処分権が自己決定権に含まれることは，一般的に認められています。ただし，憲法13条は，本来，生命・身体を保護しようとする規定であることから，その対極にある生命・身体の処分を，憲法上の権利として安易に認めることはできません。通説は，特に生命の処分については厳しい要件の下でのみ許容されるべきであるとして，「死ぬ権利」や「自殺の権利」に対して慎重な立場をとっています（→第8章）。

　ここで問題となるのが，**安楽死**です。安楽死とは，不治の病気に冒された末

期の患者に，本人の意思に従って安らかな死を迎えさせることをいいます。医療の発展によって多くの命が救われるようになった一方で，単に死期を引き延ばすだけの治療を望まない患者も増えています。学説においても，最期の生き方を自分で決めるという意味で，安楽死を一定の要件の下で認める見解が有力です。ただし，治療行為の中止による**消極的安楽死**を超えて，薬物の投与などにより直接的に死に至らしめる**積極的安楽死**が許されるかについては，意見が分かれています。

　判例において，安楽死の問題は，それを実施した医師を殺人等の罪に問うべきかをめぐって争われてきました。最高裁は，こん睡状態にあった患者の気管内チューブを医師が抜管し，苦悶する患者にさらに筋弛緩剤を投与して死亡させた川崎協同病院事件（最決2009年12月7日）において，医師の行った一連の行為を殺人に当たると判断しました。最高裁によれば，筋弛緩剤の投与のみならず，チューブの抜管についても，患者の回復可能性や余命を判断するために必要な検査が実施されていなかったこと，チューブの抜管を要請した家族に病状等について適切な情報が伝えられておらず，治療中止が本人の推定的意思に基づくとも言い得ないことから，「法律上許容される治療中止には当たらない」とされました。下級審の裁判例には，積極的安楽死について一定の要件を示したものがあります。

　また，安楽死とは異なりますが，生命短縮の危険をともなう治療拒否が，自己決定権として保護されるかも問題となってきました。最高裁は，宗教的信念により輸血を拒否していた患者に，医師が手術中やむを得ず輸血を行ったことが問題となった**エホバの証人輸血拒否事件**（最判2000年2月29日）において，輸血を拒否する意思決定が，「人格権の一内容として尊重され」ることを認めました。本件については，救命のためにやむを得ず輸血を行う場合があるという手術の方針を，医師らが患者に事前に説明しなかったこと，つまり**インフォームド・コンセント**が不十分であったことが，「本件手術を受けるか否かについての意思決定をする機会を奪った」とされ，人格権への侵害が認定されました。

Ⅳ　ライフスタイルに関する自由

　髪型や服装などの身なりや，喫煙・飲酒などの生活・行動様式に関する自己決定は，ライフスタイルに関する自由と呼ばれています。ただし，これらの自由は人格にとって重要であるとまでは言い難く，また，権利の保障内容が漠然とし過ぎていることから，通説は，これらを憲法上の権利として認めることには消極的です。

　判例において，ライフスタイルの自由は，特に学校における身なりや行動の規制をめぐって争われてきました。例えば，校則で禁止されたパーマをかけたために自主退学させられた事件（最判1996年7月18日）や，生徒の指導方針とされていたバイク三ない原則（免許を取らない，乗らない，買わない）に違反し，自主退学させられた事件（最判1991年9月3日）が挙げられます。しかし，最高裁はいずれも，生徒側の憲法13条違反の主張に正面から答えていません。また，結論においても，これらの規制を違法ではないと述べています。

　学説においては，ライフスタイルの自由が13条に含まれないとしても，その不合理な制約は許されないとされています。特に，校則を正当化する理由として，パターナリズムが持ち出されることには注意が必要です。パターナリズムとは，誰の権利も侵害していないにもかかわらず，本人のためにならないという理由で，国がその人の生き方に干渉することをいいます（→第8章）。学校における髪型の規制に関していえば，例えばパーマをかけると非行に走るとか，成績が下がるといった理由が，それに当たります。未成年者は，成年者ほど十分な判断能力を持たないとしても，規制の理由に合理性があるか否かは，慎重に判断されるべきでしょう。近年，公立高校において，髪の染色・脱色を禁止する校則に従い，生まれつき髪色の明るい生徒に髪を黒く染めるよう指導した事件が，話題を呼びました。最高裁は頭髪指導を適法としましたが，この事件をきっかけに不合理な校則を見直す動きが出てきています。

　上記の事例以外にも，賭博の自由（最判1950年11月22日）や，自己消費目的での酒造りの自由（最判1989年12月14日）の制約が争われてきましたが，いずれも合憲とされています。

法律文化社
出版案内
2023年版

新シリーズ[Basic Study Books：BSB]刊行開始

＊初学者対象。基礎知識と最新情報を解説。
＊側注に重要語句の解説や補足説明。
＊クロスリファレンスで全体像がつかめる。

A5判・平均250頁・本体2500～2800円＋税

[BSB]
地方自治入門　2750円

馬場 健・南島和久 編著

歴史、制度、管理を軸に、
最新情報を織り込んで解説。
「基盤」「構造」「運営」「活動」
の4部16章構成。

リーディング メディア法・情報法

水谷瑛嗣郎 編　　　　3190円

新しい枠組みにそって解説。ビッグ
データやAI技術利用の行動操作等
に論及、ポスト・デジタル時代の情
報環境・情報法学を読み解く。

[HBB+]
いのちの法と倫理［新版］

葛生栄二郎・河見 誠・伊佐智子　2860円

現代リベラリズムとは一線を画し、
いのちの尊重と人間の尊厳の観点
から考える。90年以降今日までの
経過をふまえ解説した最新版。

法律文化社　　〒603-8053 京都市北区上賀茂岩ヶ垣内町71 ☎075(791)7131 ℻075(721)8400
URL:https://www.hou-bun.com/　　　◎価格税込

専門職の対応力アップに

第10章　平　　等

はじめに

　普段，学生の皆さんから，自分より不真面目な学生が単位をとれたのに，自分がとれなかったのは不公平だ，字を書く速さが違うのに同じ試験時間で問題を解かせるのは不平等だというような苦情を寄せられることがあります。このように日常的にも何かと登場しがちな平等は，その意味が自明なようで，実は突き詰めるとよくわからないことも多いものです。平等の意味を問うところから始めて，法の下の平等について定める日本国憲法14条の内容について見ていくことにしましょう。

I　平等の意味

1　絶対的平等と相対的平等

　平等と聞くと，みんなを全く同じように扱うことだ（絶対的平等）と考えてしまうかもしれません。しかし，私たちは誰一人として同じ人間はおらず，それぞれ個性を持った存在です。そういった個性を無視して，全てを同じように扱うというのは，かえって個人の尊重（日本国憲法の重視する根本的な価値とも位置付けられます→第9章）に反することになってしまい，妥当とはいえません。また，例えば，刑法が殺人という特定の行為を行なった人には，死刑など特定の刑罰を科すように，法というのは，ある一定の条件を満たした人については，特定の扱いをすることを定めるものですから，法に何らかの区別は必ずついて回るので，絶対的平等を貫くと，法を制定すること自体が無理になってしまいかねません。

　そこで，古くからの言葉にもあるように，「等しき者は等しく，等しからざる者は等しからざるように」扱うこと（相対的平等）が求められるのです。もっとも，先ほどもいったように，突き詰めると全ての人間は違った存在なので，ある問題について「等しき者」をどうくくり出すか，その問題にふさわしいくくり出しになっているかが問われることになります。

2　機会の平等と結果の平等

（1）　平等の考え方の歴史的な変遷

　平等については，古くは古代ギリシャ時代からも盛んな議論がなされてきま

した。1で見たように，様々な個性を持った人間を，その個性を尊重しつつ，いかに法というルールによって調和させていくかという人類に付いて回る問題（＝広い意味での政治）だといえるでしょう。そうであるからこそ，法であるとか政治というものに対する考え方の歴史的な変化にともなって，平等の捉え方も変わってきたところです。

（2） 機会の平等

今日では，日本国憲法を含めて多くの憲法が平等に関する規定を設けていますが，これは近代市民革命，あるいは近代立憲主義において平等が自由と並んで大きな意義を見出されてきたことに由来します（→第1章・第8章）。近代市民革命においては，封建的な身分制を打破して，生まれにとらわれない自由な活動ができることが重視されました。したがって，平等というのは，例えば，農民の子に生まれても，その才能次第で都市に出て商売を行ったり，医者になったりと，生まれではなく，能力に応じて，活動を行うチャンス（機会）が開かれていること（**機会の平等**）を意味すると理解されていました。この意味の平等と自由の間に緊張関係はなく，いわば車の両輪のように近代立憲主義において重視される価値と位置付けられたこともうなずけます。日本国憲法の14条2項が貴族制度を廃止，禁止し，3項が，栄典制度が新たな貴族制度の創設とならないよう配慮しているのも，近代立憲主義にもとづく身分制解体を徹底するものと理解できます。

（3） 結果の平等

しかし，能力次第であるとして，国家が競争を放置した場合，金銭面で言えば，貧富の差は拡大していくことになりますし，結局財力によって潜在的な能力を育む可能性に差が生じて，機会の平等自体も脅かすことにもなりかねません。そこで，機会の平等だけでなく，結果においても平等を求める考え方が登場することになります。この考え方も，結果における完全な平等を求めることはしませんが，人間としての最低限のレベルは国が確保すべきであると考え，社会権の保障（→第8章・第14章）という発想にもつながっていくのです。20世紀になり，このような考え方が憲法にも取り入れられることとなり，立憲主義も近代立憲主義から現代立憲主義への展開を見せることになります。なお，**結果の平等**という意味での平等の捉え方は，能力や財力に恵まれた人間の自由な

活動を制約する結果をうむという意味で，自由と一定の緊張関係を持っていることに注意しておく必要があります。

現代立憲主義への展開を反映した，20世紀の現代型憲法の1つに位置付けられ，社会権規定も有する日本国憲法は，あくまで機会の平等を中心としつつ，その機会の平等を実質的に確保できるような範囲で結果の平等にも目を配っているのだと理解されています。

3　間接差別

国民の意識など社会に根付いた差別が存在していることがあります。その場合，法律などの要件設定が形の上では平等であっても，社会構造と相まって，一定の集団を不利に扱う結果を招くような場合があります。例えば，夫婦いずれの婚姻前の苗字（氏）を名乗っても良いことになっています（民法750条）が，女性が男性の氏に合わせるものだという意識が強く残っていることで，大半のカップルが夫の氏を選択し，女性が改氏に伴う不利益を被るような場合です（なお，最高裁は，最大判2015年12月16日〔夫婦同氏事件〕で，**間接差別**の問題が生じる可能性も示唆しながらも，夫婦同氏制度を合憲としました〔→Ⅲ4〕）。このような場合を間接差別と呼んで憲法が禁止する差別であると理解しようとする見解も有力になっています。また，男女雇用機会均等法では，雇用における間接差別の禁止が実際に定められてもいます。しかし，「間接」であるがゆえに，どうやって差別と認定するのかなど難しい問題が残されています。

Ⅱ　平等問題の違憲審査のあり方

1　14条1項の理解

法の下の平等に関する14条は，3項から構成されますが，このうち，2項と3項は，すでに触れたように，貴族制の廃止と禁止，栄典制度の貴族制化の防止に関するもので，1項が平等に関する一般的規定と位置付けられています。14条1項にいう「法の下の平等」とは，立法者も拘束する形で，相対的平等を保障しているのだと解されています。もう少し詳しく説明すると，まず，古くは，平等とは行政府や裁判所による法の平等な適用を求めるもので，適用され

る法の内容が平等であることまで要求しないとの考え方もありました。しかし，不平等な法が平等に適用されても仕方ないので，現在では平等の要請は立**法者も拘束する**，つまり，法の内容も平等でなければならないとされます。そして，相対的平等の保障とは，合理的な理由のない区別を禁止するというもので，合理的な区別であれば許されるということです。そこで，法令上のある区別，人々の間の異なった取扱いが合理的なものかどうかということが問われることになります。判例も，**何らかの区別の存在によって14条１項の問題が生じ，その区別が合理的な理由のあるものかどうかを問う判断枠組みを採用しています。**

　ところで，14条１項は，その後段で「人種，信条，性別，社会的身分又は門地により」差別されないとしていますが，これは例としてあげたに過ぎず，ここに列挙された基準に基づく区別のみを差別として禁止したものとは考えられていません。

2　目的・手段審査

　ある区別が合理的なものかどうかは，簡単には判断できません。合理的かどうかを判断する枠組みが重要になります。最大判1973年４月４日（尊属殺重罰規定違憲判決）以降，判例は基本的に，①ある区別を行う目的（立法目的）が合理的なものかどうか，目的が合理的であることを前提として，②区別が目的との間で合理性のあるものかを問う枠組みを採用しています。

3　審査の厳格度

（1）　総　説

　区別の合理性の判断枠組みが２で見たようなものだとして，裁判所がどこまでその判断を厳格に行うのかという問題が残されています。そもそも本来であれば，国家は，個々人の個別の事情，状況を丁寧に確認して，いわばオーダーメイドで個人を取り扱っていくべきところ，それでは，多大なコストがかかってしまい，場合によってはかえって恣意的な取り扱いを生んでしまいます。そこで，法令に基づいて一般的な処理を可能とするためには，ある個人の属性，さらにいえば，その属性を有する人たちに対するある種の偏見に基づいて判断をせざるを得ないという面があります。したがって，区別の合理性の追求と

は，この避けがたい「偏見」の利用が，区別の対象となる権利や利益の重要性等との関係で，どこまで許されるかという問題であるとも整理できます。ですから，この「偏見」が実態とどこまで一致しているのかを見極める裁判所の能力や，区別の対象となる権利や利益の重大性などによって，裁判所が区別の合理性を審査する厳格度が変わってくることになります。

この点に関連して，裁判所の審査能力について，最高裁が，租税法における政策判断については，国会の方が裁判所よりも優れていることを理由に審査を非常に緩やかなものにとどめたことがよく指摘されます。

また，権利や利益の重大性に関して，学説は，アメリカの判例や学説にヒントを得て，14条1項後段の列挙事由（「人種，信条，性別，社会的身分又は門地」）は，歴史的に不当な「偏見」の指標となってきた事項をあげたもの（アメリカに倣って「疑わしい範疇（category）」とも呼びます）であるとして，これらの事由に基づく区別については厳格な審査が行われると主張してきました。判例は，このような学説の考え方を否定し，14条1項後段列挙事由を単なる例示列挙に過ぎないという立場を採ってきました。しかし，近年では，判例も区別の事由と権利利益の性質によって審査の厳格度を決定する枠組みを採用するようになっているともいわれています。例えば，国籍法違憲判決では，区別の事由が，非嫡出子であるという，生まれによって決定される自己の努力ではどうすることもできない事項であることと，区別の対象が日本国籍の付与という重要な地位に関わるものであることを理由に，「慎重な判断」を求めているのです。

（2） 14条1項後段列挙事由の意味

判例のように，14条1項後段列挙事由を単なる例示列挙に過ぎないと考えるのであれば，それぞれを細かく定義する必要性はあまり高くありません。しかし，学説の立場からは，個別の列挙事由にあたるか否かは重要な意味を持ちます（なお，後段列挙事由の中でも審査の厳格度が異なると主張する見解もあります）。そこで，各列挙事由の意義について簡単に説明しておきます。

まず，「人種」とは，狭い意味では，皮膚や頭髪などの身体の生物学的特徴を基準に区別されるもので，欧米における黒人差別は典型的な人種による差別に該当します。日本ではこの狭い意味での人種差別は歴史的に大きな問題となってきませんでしたが，言語や宗教，生活様式といった文化的特徴によって

区別される「民族」に基づく差別（アイヌ問題，立場によっては沖縄問題もここに含まれます）は今なお問題となっており，14条1項の「人種」は広く「民族」も含むものと理解されています。なお，これと似て非なるものとして，国籍による差別がありますが，通常は外国人が憲法上の権利の保障を受けるのかという問題とまとめて処理されています。ただし，実態として，国籍取得の有無よりも民族的出自に着目した民族差別となっていないかは注意する必要があります（在日コリアン問題）。

　次に，「信条」とは狭くは宗教的な信念のことを指しますが，日本国憲法においては，より広く，歴史観や世界観を含む信念一般を指すと考えられています。共産主義者であることを理由にした解雇などは，信条に基づく差別の問題を引き起こすことになります。

　「性別」については，男女の生物学的・身体的性（sex）のほか，社会的・文化的意味での性（gender）の問題があるとされていますが，14条1項の「性別」は，基本的にsexの意味での性を念頭に置いたものと理解されています。日本国憲法では，家族関係における男女の平等について24条という特別な規定も設けており，憲法制定後，法律上男女を別異に扱うものは解消されてきました。それでも，社会構造的なものを中心になお女性差別の問題は大きな問題として残されています。また，性別と混同されがちですが，これと区別して考えるべきものとして，「性的指向」の問題があります。性的指向とは，身体的・生物学的な性別，主観的な性別認識（トランスジェンダーの問題はこれにあたります）とは別に，性的対象をどこに求めるかの問題です。最近では，諸外国で同性婚が法制化されており，日本でも多様な性的指向に関する法的対応に注目が集まっており，下級審の裁判例では，同性婚を認めていない現在の制度を憲法14条1項に違反すると判断したものも登場しています（→第9章）。

　最後に，社会的身分と門地についてまとめて説明してしまいます。社会的身分は広く捉えると，家柄のことを意味する門地も含め，人が社会で占めている様々な地位をカバーすることになり，ひいては，あらゆる問題が社会的身分による区別，差別の問題となりかねません。特に，後段列挙事由に特別な意味を持たせる学説の立場からすると，これでは問題です。学説上は，①門地との区別を意識して，生まれによるのではない，後天的に獲得される地位を社会的身

分と呼び，出生によるものを門地と呼ぶ見解のほか，②自分の努力ではどうしようもない属性による区別は基本的に許されず，審査の密度を高めるべきだとして，出自に基づくものを社会的身分と呼ぶものなどがあります。門地との区別の必要性から，①をベースとしつつ，②の発想を取り込んで，後天的ではあるが，自己の努力によっては変更できない地位のことを社会的身分と考える見解も有力化しています。

Ⅲ　平等に関する代表的な最高裁判例

　最高裁が法令を違憲と判断したのは，これまで11件に止まります。その中で，14条1項違反が認められた法令違憲判断は家族に関係するものを中心に6件に及び，日本の違憲審査制において，存在感を示している条文です。そこで，以下では，違憲判断を中心に，平等について，最高裁で争われた具体的な事件を，事案からやや詳しく紹介します。

1　家族関係①──尊属殺重罰規定違憲判決（最大判1973年4月4日）

　最初の法令違憲判決であり，区別が合理的か否かの判断に当たって，目的・手段の審査を行う枠組みを提示したという意味でも重要な判決です。

　これは，実の父親に14歳の時から10年以上肉体関係を強いられ，5人の子も設けた女性が，恋人との婚約に父親が逆上するのを恐れて，父親を殺害したという悲惨な事件でした。当時の刑法には，自分や配偶者（夫または妻のこと）の直系尊属（平たく言ってしまえば，家系図において直線的に遡ることのできる祖先）に対して殺人の罪を犯した場合は，通常の殺人罪とは異なり，死刑または無期懲役だけが法定刑とされている規定（200条）が存在していたので，この女性もこの尊属殺人罪で起訴されました。被告人側は，この刑法200条の規定が，戦前の家制度の名残であるなどとして，14条1項に違反していると争ったのです。多数意見は，「尊属を卑属またはその配偶者が殺害することをもって一般に高度の社会的道義的非難に値するものとし，かかる所為を通常の殺人の場合より厳重に処罰し，もって特に強くこれを禁圧しようと」いう刑法200条の立法目的自体は不合理なものではないとしました。しかし，手段の点から「刑法

200条は，尊属殺の法定刑を死刑または無期懲役刑のみに限つている点におい
て，その立法目的達成のため必要な限度を遥かに超え，普通殺に関する刑法
199条の法定刑に比し著しく不合理な差別的取扱いをするもの」として，刑法
200条の規定を違憲無効と判断したのです。また，この判決における田中二郎
裁判官などの意見は，立法目的自体が不合理だとしたと理解されています。

2　家族関係②──非嫡出子の扱い

　法律上結婚している両親の間に生まれた子を嫡出子，そうでない子を**非嫡出
子**と呼びます（嫡出という言葉に，「正統」という響きがあり，「非嫡出子」自体が，
正統でない子という差別的意味を持つとして，「**婚外子**」と呼ぶ学説もあります）。

　婚姻関係を国家が管理し，法律上結婚していることに法的意義を持たせる**法
律婚主義**を前提として，法律婚関係外で生まれた非嫡出子について，嫡出子と
は法的に異なった扱いがされてきました。現在では，嫡出子か非嫡出子かによ
る法的な区別の多くが解消されましたが，非嫡出子であることを理由とする別
異取扱いは生まれを理由にした差別ではないかと議論されてきました。

（1）　非嫡出子法定相続分規定合憲決定

　近年まで，民法900条4号のただし書きで，相続に当たって，遺言で特別な
規定がなされていなければ，非嫡出子の取り分（**法定相続分**）が嫡出子の半分
とされていました。1988年に生じた相続について取り扱った，最大決1995年7
月5日は，相続制度の決定に立法者の広い裁量が存在することを認めた上で，
法律婚主義の観点から，法定相続分について配偶者（夫または妻のこと）と嫡出
子を優遇しつつ，非嫡出子にも配慮した制度であるとして，立法者の合理的な
裁量の枠を超えるものではないとして，合憲判断を下していました。

（2）　国籍法違憲判決

　1995年の決定の後も，断続的に法定相続分の違憲訴訟が提起されていました
が，少数意見では，合憲性に疑いを挟むものが多く見られるようになってきた
ものの，合憲判断は覆されませんでした。そんな中，国籍法が非嫡出子につい
て，国籍付与のあり方で区別を設けていた点が訴訟で争われました。そして，
2008年6月4日に最高裁大法廷は，日本人父の非嫡出子について，出生後に父
母が結婚した**準正子**に限って，届出によって日本国籍を取得できるとしてい

た，当時の国籍法3条1項が14条1項に違反していると判断したのです。

　判決ののち，日本人父の認知さえあれば，届出によって日本国籍が取得できる仕組みに改正されています。先に触れたように，この判決で最高裁は，同時に国籍の重要性にも触れましたが，非嫡出子が自己の努力によって変えることはできない地位であることを指摘して，区別の合理性について「慎重な判断」を求めた点が注目されました。これを受けて，法定相続分の問題についても，最高裁の判断が変わるのではないかと注目されることになったのです。

（3）　非嫡出子法定相続分規定違憲決定

　このような状況の中で，国籍法違憲判決の約5年後，最高裁はついに法定相続分規定を違憲であると判断しました（最大決2013年9月4日）。ここでは，1995年決定における合憲判断を否定しませんでしたが，その後の社会状況の変化を理由に，この事件で相続が生じた2001年7月の段階では違憲となっていたというのです。この決定を受けて民法が改正され，現在では，法定相続分における非嫡出子の別異取扱いはなくなっています。

3　家族関係③──再婚禁止期間違憲判決

　民法733条1項は，女性にのみ，離婚後6ヶ月間再婚を禁止する規定を設けていました。これは，女性が妊娠した子について夫の子と推定する仕組みを民法が採用していることを前提として，誰が法律上父親として扱われるかについての推定（父性の推定）が重複することを回避するための規定だと理解されています。しかし，実際に父性の推定が重さなってしまう場合は限定されること，さらに現在ではDNA鑑定などの技術の発展で生物学的な父子関係の決定が科学的に可能であることなどを理由に，再婚禁止期間を設けることそれ自体の合理性を否定する（つまり，再婚禁止期間全体を違憲とする）見解も有力です。

　最高裁（最大判2015年12月16日［再婚禁止期間違憲判決］）は，父性推定の重複回避という立法目的自体は合理的なものとし，民法の父性推定が重複することになる，離婚後100日間の再婚禁止期間については，合憲であるとしつつ，民法の規定を前提にしても父性推定の重複が生じない，**100日を超える再婚禁止だけを違憲**としました。また，この判決は，24条にも言及し，13条（→第9章）や14条にはない，独自の意味を認めた点でも注目されています。

ここでも，判決後すぐに，民法が改正され，再婚禁止期間は100日とされ，さらに，2022年12月にはこれを廃止する改正法が成立しました。

4　家族関係④——夫婦同氏事件判決

　再婚禁止期間違憲判決と同日に，最高裁は，夫婦に同一の氏を名乗ることを求めた民法の規定を合憲とする判断を下しています。この夫婦同氏事件判決は，民法は夫婦いずれの氏を名乗っても良いとしており，男女間に形式的な不平等が存在しているわけではないとして，14条1項違反をあっさりと否定しました。それでも，判決は，夫の氏を選択する夫婦が圧倒的多数を占めている状況に鑑みて，実質的な平等を図ること自体は，14条1項の趣旨に沿うとして，24条が立法者に許容する裁量に対する統制を行う際に考慮されるとしたことが注目されます。これは，間接差別（→Ⅰ3）の問題について最高裁が意識していることを示唆しているともに，再婚禁止期間違憲判決同様，24条に，13条や14条1項では必ずしも拾いきれない独自の意義を認めたものとも解されます。

5　投票価値の不均衡

（1）　総　説

　例えば，有権者数が10万人の選挙区Aと20万人の選挙区Bがあり，そこから選出される議員の数が同じならば，同じく1票が与えられていても，選挙区Bの住民bは選挙区Aの住民aと比較したとき，選挙の結果に与える影響力が半分だということになります。このような有権者の影響力の不均衡を**投票価値の不均衡**と呼びます。最大判1976年4月14日以降の判例や学説は，投票価値の平等も14条1項の要請に含まれると解しています。皆さんも，「一票の格差」（裁判所は，「格差」ではなく「較差」と書きます）などという呼び方で，テレビや新聞で話題になっているのを目にされたことがあるでしょう。

（2）　基本的な判断枠組み

　投票価値の不均衡の違憲性を判断する基本的な枠組みは次のようなものです。まず，投票価値の平等が憲法上の要請であることは確認しつつ，それが絶対的なものではなく，選挙制度設計における国会の裁量が存在することを前提として，投票価値の不平等が一般的に合理性を有するものとは考えられない程

度に至ると，**違憲状態**にあると判断されます（ニュースでも，違憲判決ならぬ，「違憲状態判決」なる用語を聞くことがあるでしょう）。それでも，選挙区割，定数配分が違憲状態に陥っているだけで，選挙が違憲と判断されるわけではなく，流動的な状況の中での対応が必要とされることから，違憲状態が生じてから**合理的な期間**内に立法府による是正が行われない場合に初めて選挙が違憲となります。さらに，違憲な国家行為は無効となるのが原則ですし，選挙の無効を争う裁判のはずなのですが，選挙を無効としてしまうと，大きな混乱を招くことを理由に，違憲であることを宣言するにとどめ，選挙の効力は原則的に否定されません（**事情判決の法理**による違憲宣言判決）。なお，以上の枠組みは，先ほど出てきた1976年の衆院判決で示されたものですが，最大判1983年4月27日以降，参議院についても基本的には受け入れられています。

（3）　判例の展開

（2）で見たような判断枠組みが導入されたのち，当初最高裁は国会の立法裁量を重視する立場を強調し，1つの選挙区から3～5名の議員が選出される中選挙区制度が採用されていた衆議院については3倍を超える最大較差（選出される議員1人当たりの人口が最も多い選挙区と最も少ない選挙区の比のことです）が，参議院の選挙区（1983年までは地方区）については6倍を超える最大較差がある場合に，違憲状態と判断されるのではないかと学説は分析していました。

1994年に1つの選挙区から1名が選出される小選挙区制が衆議院において導入され（→第4章・第5章），投票価値の平等の実現が容易となったこと，また，衆議院の小選挙区の区割りに関する法律自体，較差が2倍を超えないことを原則として求めたことなども影響してか，2004年以降，最高裁は厳格な立場をとるようになったとされ，衆議院，参議院の双方について，違憲状態であると判示する状況も生じました。このような最高裁の厳しい態度を受けて，衆議院，参議院共に，比較的大幅な修正が加えられました（現行制度について，第4章）。これを受けて，最高裁も，2017年に参議院について，2018年に衆議院について，いずれも違憲状態に至っていないという判断を下しました。もっとも，判例の枠組みに従えば，これでおわりではなく，立法者による制度改革が進められなくてはならないことになります。

第**11**章　精神的自由

はじめに

　この章では，精神的自由と呼ばれる自由をまとめて解説します。**精神的自由**とは，大まかにいえば，頭のなかで自分の考えを深めたり，その考えを他の人々に向かって表現することについて，国の規制を受けない自由のことです。この精神的自由にはいろいろな自由が含まれています。例えば，精神的自由のうち，宗教に関係するものが信教の自由であり，学問研究に関わるものが学問の自由となります。また，皆さんも駅前や道路で時々目にするようなデモや集会のように，皆で集まってメッセージを発信するのは集会の自由であり，団体を結成したりするのは結社の自由になります。そのほか，新聞やテレビ，インターネットやビラなどで考えを他人に伝えるのは表現の自由です。とびらのマンガのように，公共施設で作品を展示することもそうです。

　江戸時代のキリシタンのように，激しい迫害を受けても信仰を捨てない人々がいます。また，現代日本の反原発運動や平和運動など，一般の人々にとっては生活には必要ではないような活動に熱心に取り組み，政治的なメッセージを発信し続ける人々もいます。これらの人々にとって，宗教の自由や政治的な表現の自由は，自分の人生にとってかけがえのないものです。特に，これらの人々の自由を，「あなたの考え方はおかしい」というような理由で否定することは，これらの人々の存在そのものを否定することで，そのような規制はほとんど絶対に許されないと考えるべきでしょう。それ以外の規制も，よほどの場合でなければ許されないと考えるべきで，精神的自由に対する規制については，裁判所はその合憲性を厳しく審査すべきだと考えられています。これは言い方を変えれば，精神的自由は経済的自由よりも手厚く保障されるべきだということですが，こうした考え方を**二重の基準論**と呼びます。

　ところで，先ほどは江戸時代のキリシタンや現代日本の反原発運動・平和運動などに人生をかけて取り組む人々の話をしましたが，精神的自由はこのような場合にだけ保障されるわけではありません。テレビのバラエティー番組やCM，SNSに書き込むメッセージ，ハロウィーンの仮装行列など，皆さんにも身近なものにも精神的自由（これらの例はそのうちでも表現の自由や集会の自由に関する例です）の保障は及ぶのです。

I　思想・良心の自由

1　思想・良心の自由とは

19条は，「思想及び良心の自由は，これを侵してはならない」と定め，思想・良心の自由を保障しています。思想・良心の自由とは，主に，人の内心で考えを抱くことを保障するための自由です。つまり，表現の自由など他の精神的自由は，考えたことを他人に向かって発信することを中心的に保障しているのに対して，思想・良心の自由は内心を保障する自由であることが特徴です。

皆さんの中には，もしかすると他人にはとてもいえないような世界観をもっている人もいるかもしれませんが，そのようなものであっても，内心にとどめている限りは絶対的に保障されますし，国が無理やり内心を聞き出そうとしたり，国が押し付けたいと思う思想を無理やり国民に押し付けることもできないのです。思想・良心の自由の侵害だとされる国の行為の類型は，次のように整理できます。

思想・良心の侵害だとされる国の行為（侵害類型）

特定の思想を教化（洗脳）すること

特定の思想を強要したり，禁止したり不利益を課したりすること

内心の告白を強制すること

本人の思想・良心に反する行為を強制すること

2　絵踏（踏絵）はなぜ許されないのか

江戸時代には禁教とされたキリスト教の信者を発見するため，信者ではないかと疑われる人にキリストの姿を描いた紙などを踏ませ，それを拒否した場合には罰を与えました。この絵踏（踏絵）を現代に復活させたとすれば，明らかに信教の自由を侵害したとして違憲だと判断されます。これは信教の自由の例ですが，宗教以外の思想・良心に関連して同様のことを行えば同じく明らかに違憲となります。

絵踏はキリシタンを発見し信仰を捨てさせるために行われるものです。この

ように，内心にある思想・良心を強制的に明らかにさせるのは，その次の段階としてその思想・良心を理由にその人を差別したり弾圧したりするためであることが普通でしょう。

このように，国が内心を強制的に聞き出そうとすることや，内心を理由に不利益な取扱いをすることは，思想・良心の自由の侵害として禁止されるのです。こうした自由は，思想・良心の自由の中でも特に，**沈黙の自由**と呼ばれます。

3　就職活動での思想調査は許されるのか

いま述べたことは，国がそのようなことをしてはならないということです。では，民間企業が新入社員を採用する際に，応募者の思想・良心に関する情報を申告するよう求めることはできるのでしょうか。この点が争われたのが**三菱樹脂事件**（最大判1973年12月12日）です。

この事件では，新入社員が，入社試験の際に，大学時代の学生運動経験の有無を問う質問（これによってその人の思想が推測できます）にウソの回答をしたことを理由に，会社が正式な採用を拒否したことが思想・良心の自由の侵害ではないかということが争われました。

最高裁は，企業には採用の自由があるから，特定の思想をもっていることを理由として採用を拒否しても違法ではなく，そのための調査を行うこともできるとしました。

国が公務員の採用の際にこのようなことをすれば憲法違反の可能性が高いと考えられますが，第8章でも見たように，民間企業には憲法が直接適用されず，憲法で保障されている自由は間接的に考慮されるだけだと考えられているため，このような判断になりました。ただし，その後，採用の際の情報収集については，職業安定法などの法令によって一定の制限が設けられています。

4　卒業式での君が代起立斉唱の強制はなぜ問題なのか

皆さんが卒業した高校では，入学式や卒業式で日の丸を掲揚したり，君が代を起立斉唱するでしょうか。日の丸や君が代は，法律（国旗・国歌法）によってそれぞれ国歌・国旗とされていますが，これらは天皇と深く結びついてお

り，そして，君が代や日の丸をシンボルとして侵略戦争が行われたことなどを理由に，戦後日本の国歌・国旗にふさわしくないと考える人々もいます。

　他方，ここ十数年来，公立学校の式典において君が代の起立斉唱を行うよう校長が教職員に対して職務命令を出し，それに違反した教職員を処分する事例が増加し，訴訟で争われてきました。そこでの争点の１つが，君が代の起立斉唱を義務付けることは，それに反対する人たちにとって，思想・良心に反する行為を義務付けることであるから，思想・良心の自由の侵害ではないかということです。

　最高裁は，**君が代起立斉唱事件**（最判2011年５月30日）でこの点について判断しました。まず，国歌斉唱の際の起立斉唱行為は，式典における慣例上の儀礼的な行為であって，教師の歴史観や世界観を否定するものではないなどとして，起立斉唱を命じる職務命令は思想・良心の自由を直接的に制約するものではないとしました。その上で，しかしそうは言っても，日の丸や君が代に敬意を表するよう求められるため，それが思想・良心の自由の間接的な制約にはなるとされました。しかし，式典での君が代斉唱は学習指導要領等を踏まえたものであることや，教師は公務員であって法令等や上司の命令に従って職務を行う義務があることなどからすれば，思想・良心の自由の侵害として違憲だとはいえないとされました。この事件では，式典で君が代を斉唱することが儀礼的な行為であることが重視されたといえます。

Ⅱ　信教の自由と政教分離

1　信教の自由
（1）　信教の自由とは

　20条は，「信教の自由は，何人に対してもこれを保障する」（20条１項前段），「何人も，宗教上の行為，祝典，儀式又は行事に参加することを強制されない」（20条２項）と規定して，信教の自由を保障しています。２項は，１項前段の繰り返しのようにも見えますが，これは戦前の反省を踏まえたものです。戦前の日本では，神道が国から特別の地位を与えられ（**国家神道**と呼ばれます），国民が神社に参拝することを強制されたり，それを拒んだキリスト教徒などが弾圧

を受けたりしたので，こうしたことを繰り返してはならないという決意が示されています。

　読者の皆さんのうち，特定の宗教を信仰している人は少ないかもしれませんが，信仰をもつ人々にとって，それはかけがえのないものです。ですから，戦前のように国が特定の宗教と結びついたり（この点は政教分離の問題として後に触れます），逆に国が特定の宗教の信者を弾圧するようなことがあってはなりません。

　宗教の中には社会一般の常識とはかけ離れた考え方や振る舞いを求めるものがあり，得てして世間からうさんくさいものと見られがちです。現代では戦前のような弾圧は考えにくいとしても，世間一般の常識を押し付けるような規制が宗教，特に少数派の宗教に対してされないよう，警戒が必要でしょう。有名な例として，フランスなどではイスラム教徒の女性が頭にスカーフをかぶる習慣に関して，公立学校の場でスカーフ着用を禁止するなどした法律が制定されていますが，少数派宗教に対する不当な押し付けではないかという疑問があります。

（2）　信教の自由の保障内容

　信教の自由の保障には，どのような内容が含まれるのでしょうか。この点については，信教の自由を，①内心の自由の側面と②外部的な行為の自由の側面とに区別して考えることができます。①内心の信仰の自由としては，思想・良心の自由と同じように考えることができます。つまり，国が特定の信仰を押し付けたり，逆に禁止したり，あるいは，内心の信仰を告白するよう強制したりすることが信教の自由の侵害となります。信仰の自由の側面については，思想・良心の自由について述べたことがほぼ当てはまります（思想・良心の自由のところで触れた絵踏はもともと信教の自由に関する事例ですね）。

　②外部的な行為の自由（宗教的行為の自由）としては，自分の信じる宗教の儀式を行ったり，他人に広める自由（布教の自由）や，同じ信仰をもつ仲間と宗教団体を作ったり，すでにある宗教団体に入会したりすること（宗教的結社の自由）などが保障されます。

（3）　信教の自由の限界

　思想・良心の自由と同様，①内心の信仰の自由については，内心にとどまる

限り絶対的に保障されます。

　これに対して，②外部的な宗教的行為の自由については，規制が許される場合もあります。例えば，地下鉄の駅にサリンという猛毒ガスをまいて多数の死傷者を出した地下鉄サリン事件（1995年）をはじめ多くのテロ・犯罪行為を起こしたオウム真理教を宗教法人法の規定に基づいて解散させることは信教の自由を侵害するものではないとしました（最決1996年1月30日〔**オウム真理教解散請求事件**〕）。

　また，精神障害をもつ者の回復を図るとして，大量の線香をたいて加持祈祷と呼ばれる儀式を行い，線香の熱や煙のために死なせてしまった事件がありました。最高裁は，このような加持祈祷は信教の自由の保障の限界を超えたものだとして，傷害致死罪（刑法205条）で有罪だとしました（最大判1963年5月15日〔**加持祈祷事件**〕）。宗教行為だからといって特別扱いしなかったわけです。このほか，洗脳的な手法を使って過大な寄付をさせるような行為も，規制可能だと考えられます。

　これに対して，宗教的行為だからと特別扱いをすることが求められる場合もあります。この点に関しては，神戸高専事件（最判1996年3月8日）と呼ばれる事件があります。体育の一部である剣道実技の授業に参加しなければ，普通は赤点となって留年させられます。翌年も同じであれば退学になってしまいます。ところが，この事件では，「エホバの証人」の信者で，宗教的な理由で格闘技ができない学生が剣道の授業に参加しなかった結果，留年・退学とされてしまったのですが，参加しなかった理由が宗教上の理由に基づく真摯なものであり，また，学校側も代わりの措置をとることが簡単にできたとして，留年・退学の処分は違法であるとしました。

　このように，特別扱いをしないと信教の自由にとって深刻なダメージとなる場合などには，特別扱いが求められることになります。

2　政教分離

（1）　政教分離とは

　政教分離とは，国家と宗教（団体）との分離のことです。

　国がある宗教を公式の国の宗教だと認定して優遇すると，それ以外の宗教を

信じる人々が冷たい目で見られて圧迫され，その人の信教の自由が間接的に侵害されるおそれがあります。また，逆に，宗教が国と結びついて政治に介入するようになると，極端な場合，「神のお告げ」で政治が左右されることになりかねず，政治がおかしなことになってしまいます。

政教分離原則は，こうした問題が起きないようにするためのものです。日本では戦前，国家と神道とが結びついて国民の信教の自由が弾圧されたり，神道が政治に利用されたりして問題が生じたため，日本国憲法では政教分離原則が採用されたというわけです。

（2）　日本国憲法の政教分離原則

日本国憲法の政教分離関係条文は3つあり，詳細な規定といってよいでしょう。

20条1項後段は「いかなる宗教団体も，国から特権を受け，又は政治上の権力を行使してはならない」としています。例えばドイツではいくつかの宗教団体が国民から教会税という税金を取り立てる権利をもっていますが，日本ではこうしたことは禁止されます。

次に，20条3項は「国及びその機関は，宗教教育その他いかなる宗教的活動もしてはならない」と定めています。これが政教分離に関するもっとも基本的な条文であると言って良いと思われます。国が特定の宗教を布教するようなことは禁止されますし，そのほか，特定の宗教の儀式を行ったりすることもできません。ここでの「宗教的活動」は非常に広く理解されており，国が自ら宗教的活動を行う場合のほか，宗教団体に援助をするような場合もこれに含まれるとされています。

さらに89条は「公金その他の公の財産は，宗教上の組織若しくは団体の使用，便益若しくは維持のため（……）これを支出し，又はその利用に供してはならない」としています。これは，政教分離原則をお金の面から定めています。

このように日本国憲法は政教分離原則を詳細に定めているわけですが，政教分離原則をあまり厳しく考えると，おかしな結果になってしまう場合もあります。例えば，文化財であるお寺や神社の建物を修復するために国が補助金を出すことも政教分離違反となりかねません。そこで，どのような場合に国が宗教とかかわり合いをもつことが禁止され，どのような場合に許されるのかの判断

基準を考える必要がでてきます。この点に関する最高裁の回答が，次に見る目的効果基準です。

（3）　目的効果基準

政教分離原則に反するかどうかの判断基準として，最高裁は伝統的には**目的効果基準**と呼ばれる基準を使ってきました。この基準が初めて示されたのが**津地鎮祭事件**（最大判1977年7月13日）です。この事件では，三重県津市が市立体育館を建築するにあたり，工事の無事安全を願って神道式の起工式（地鎮祭）を主催したことの合憲性が争われました。

最高裁は合憲との結論をとりましたが，その理由として次のように述べました。政教分離原則は信教の自由を間接的に保障するための制度的保障であり，また，政教分離原則を貫くと，文化財修復のための公金支出も禁止されるなどおかしな結果になる。したがって，憲法は国が宗教と関わり合いをもつことそのものを禁止しているのではなく，限度を超えた関わり合いを禁止している。限度を超えたかどうかは，**その行為の目的が宗教的意義をもち，その効果が宗教に対する援助，助長，促進又は圧迫，干渉になるような行為かどうかで判断する**。

許されない関わり合いかどうかを行為の目的と効果とから検討するため，目的効果基準と呼ばれます。津地鎮祭事件では，地鎮祭は建築工事の無事安全を祈るための儀式として広く行われており，宗教的意義を感じさせないほどに社会的儀礼になっているとして目的効果基準に反しないとされました。

これに対して，愛媛県の知事が靖国神社の例大祭等に玉串料等として金銭を支出した**愛媛玉串料事件**（最大判1997年4月2日）では，特定の宗教団体の行う重要な宗教上の祭祀にかかわりをもったものであり，こうした祭祀に玉串料を支出することは，社会的儀礼に過ぎないとはいえず，知事も宗教的意義を有するという意識を持たざるをえない。また，県が特定の宗教団体との間にのみ意識的に特別のかかわり合いをもったことによって，一般人に対して特定の宗教への関心を呼び起こすものであって，宗教的な効果がある。こうした理由によって，玉串料等の支出は違憲だと判断されました。

靖国神社は戦没者を英霊として祀る神社であり，戦前は国から特別扱いを受けて国民を戦争に動員するために大きな役割を果たしたところですので，こう

した神社にわざわざ玉串料を支出することは単なる社会的な儀礼とはいえないと判断されたものといえます。首相や大臣の靖国神社への参拝が波紋を呼んだといったニュースを聞いたことのある皆さんもいると思います。

（4）　最近の判例

先ほど述べたように，最高裁は伝統的には目的効果基準をとってきましたが，最近は，これとは異なる判断方法をとる傾向があります。空知太神社事件（最大判2010年1月20日）は，歴史的経緯の中で，市有地を神社施設の敷地として無料で提供していることが違憲だとされました。また，久米孔子廟事件（最大判2021年2月24日）では，市の管理する公園に設置された孔子廟の敷地利用料を全額免除したことも違憲だとされています。

これらの事件では，国と宗教との関わり合いが限度を超えているかどうかの判断の際，目的効果基準ではなく，より幅広い事情を考慮し，社会通念に照らして総合的に判断するという総合判断の手法がとられています。

Ⅲ　表現の自由

1　表現の自由とは

（1）　表現の自由とは

21条1項は，「集会，結社及び言論，出版その他一切の表現の自由は，これを保障する」と定めています。ここでは，集会の自由，結社の自由，（言論・出版その他一切の）表現の自由という3つの自由が保障されています。集会の自由と結社の自由とは表現の自由との関連性が強いのですが，性格が違うところもありますので，別のところで説明します（集会の自由については第Ⅳ節，結社の自由については第Ⅴ節）。

また，同条2項の前段は「検閲は，これをしてはならない」としており，これも表現の自由に関する規定です。後段は通信の秘密を保障していますが，表現の自由とは少し性格が違いますので，ここでは触れません。

以上が条文の確認ですが，表現の自由は，狭い意味では，その人がもっている情報（意見や感情，知識など）を他人に対して伝えることについて，公権力から制限されない自由のことをいいます。条文にもある通り「一切の」表現の自

由が保障されますので，表現の方法としては演説や新聞・雑誌・書籍やテレビ，インターネットなどのほか，（乱暴な例ですが）例えば首相に抗議するために首相に似せた人形を痛めつけるといったものも表現の自由に含まれます。

さらに，表現の自由は，**情報を伝える自由**だけではなく，**情報を入手（受領）する自由**も含まれると考えられています。例えば，18歳未満の青少年は成人向けの雑誌などを購入したりすることができませんが（→本節4），これも知る自由の侵害として表現の自由の問題とする必要があるのです。最高裁も，自由に様々な意見，知識，情報に接し，これを摂取する機会をもつことは思想・良心の自由（憲法19条）や表現の自由（21条）の派生原理として導かれるとして，情報摂取の自由が憲法上保障されるとしています（よど号ハイジャック記事抹消事件〔最大判1983年6月22日〕）。

この章のはじめにで，精神的自由に対する規制については，裁判所はその合憲性を厳しく審査すべきだと考えられている（二重の基準論）と述べましたが，これは言い方を変えれば，**精神的自由は経済的自由よりも手厚く保障されるべき**だということで，表現の自由については特にこのことが重要です。

表現の自由が手厚く保障されなければならないのはなぜでしょうか。この点についてはいろいろな考え方がありますが，主なものとしては，表現の自由は自己実現と自己統治に役立つからであるという考えがあります。**自己実現**とは，表現行為を通じて人は自己を高めることができるということです。みなさんも，レポートを書いたりゼミで発表するために，いろいろなことを調べ，自分なりに考えてまとめ，人前で発表することによって，あるいはそれに関する議論を通じて，やりがいや成長を感じたことはないでしょうか。

もう1つの**自己統治**の方ですが，これは要するに表現の自由は民主主義にとって必要不可欠だということです。選挙の際，候補者が信頼できる人なのか，あるいはその人の政策は適切なものなのかということについて多くの情報がなければ，誰に投票してよいのか分かりません。また，政府が権力を濫用するようなことがあれば，厳しく批判をしなければなりません。こうしたことのためには，表現の自由が手厚く保障されている必要があるのです。

表現の自由が手厚く保障される必要があり，逆にいえば表現の自由に対する規制の合憲性を裁判所が厳しく審査しなければならないのは，こうした理由か

らなのです。

　厳しく審査されなければならないということにはいくつかの意味があります。例えば，規制することによって保護される利益が，表現の自由の規制に見合うほど重要なものでなければならないこと，あるいは，規制の程度が最小限であることなどです。ほかにも，規制を定める条文が不明確なものであってはなりません（これを**明確性の原則**といいます）。例えば，「世論を惑わす表現は処罰する」といった条文では，どのような表現が禁止されるのかがはっきりせず，問題のない表現であっても「処罰されると怖いからやめておこう」ということになってしまいます。

（2）　取材・報道の自由

　取材・報道の自由は，報道に関係する人々だけに関わる自由であり，また，取材という情報の発信や受領そのものではない行為をも考える必要がある点で，表現の自由のなかで若干特殊な扱いとなります。

　さきほど，表現の自由は民主主義にとって必要不可欠だと述べましたが，政治や社会にどのような動きがあるのか，問題点はないのかを知らせる上で報道の役割は大きく，**報道の自由**は非常に重要です。

　最高裁は，**博多駅事件**（最大判1969年11月26日）で，報道の自由や取材の自由の憲法上の位置付けを示しました。それによれば，報道は国民の「知る権利」に奉仕するものであり，報道の自由は憲法21条によって保障され，また，取材の自由も憲法21条の精神に照らし十分尊重に値するということです。

　取材の自由が一定程度保護されるということから，判例上，取材の目的で公務員に対して国家秘密の漏洩をそそのかしたという場合でも一定の範囲では処罰されないことが認められ，あるいは，取材源を法廷の場で証言することの拒否が原則として認められたりしています。

2　検閲の禁止

　1でも見たように，21条2項前段は**検閲の禁止**を定めています。検閲とは，大まかにいえば，出版など表現行為を行うために許可制をとり，公権力が事前に内容を審査し，不適当だと判断した場合にそれを禁止することをいい，歴史上は広く行われてきたものです。表現の自由の歴史は，このような検閲に対す

る戦いの歴史であり，歴史的に見れば，表現の自由を保障することイコール検閲の禁止といっても良いくらいです。このことを日本国憲法の条文に即してみれば，21条1項で表現の自由を保障した時点で，検閲も禁止されていると考えることができるはずです。しかし，憲法は2項でわざわざ検閲禁止を明示的に定めています。このことから，**憲法は検閲を絶対的に禁止する趣旨**であると考えられています。

　検閲の絶対的禁止という解釈は，最高裁も採用しています（最大判1984年12月12日〔**税関検査事件**〕）。それは良いのですが，最高裁の解釈の問題点は，検閲の定義が狭すぎて，実際上これに当てはまるものがほとんど想定できないということです。

　税関検査事件で示された最高裁の検閲の定義は，①行政権が主体となって，②思想内容等の表現物を対象とし，③その全部または一部の発表の禁止を目的として，④対象とされる一定の表現物につき網羅的一般的に，⑤発表前にその内容を審査したうえ，不適当と認めるものの発表を禁止することをその特質として備えるものというものです。税関検査では，わいせつな書籍，図画は輸入禁止とされているのでこれが検閲に当たるのではないかという疑惑があるのですが，最高裁は②③④⑤を充たさないとして検閲に該当しないと判断しました。

　検閲に関連する言葉として，**事前抑制禁止原則**があります。表現行為に先立ってなされる規制が事前抑制で，検閲は事前抑制の一種（事前抑制のうちでも厳しい規制）ということになります。検閲以外の事前抑制は，21条2項ではなく，1項の表現の自由の保障の趣旨から原則として禁止され，例外的な場合に限って許されると考えられています。事前抑制禁止原則の例外の代表的なものは，裁判所による事前差止めです（先ほど紹介した最高裁の検閲の定義①からすれば，裁判所による差止めは検閲には当たりません）。

　例えば，選挙の候補者が，選挙を控えた時期に，数日後に発行される雑誌に自分を誹謗中傷する事実無根の記事が掲載されるという情報を知ったとします。事実無根の記事ではありますが，この時期にそのような記事が公表されれば選挙への影響が心配されます。こうした場合，候補者は裁判所に対して発行の差し止め命令を出してもらいたいと考えるわけですが，他方で，出版社に

とっては，これは表現の自由の事前抑制に当たります。差止め命令を出すことは表現の自由の侵害として憲法上許されないのでしょうか。この点について最高裁は，北方ジャーナル事件（最大判1986年6月11日判決）で，名誉毀損に当たる記事については，厳格かつ明確な要件をみたす例外的な場合には差止めを認めてもよいとしました（→第9章および本節3）。

3 他人を傷つける表現——名誉毀損・プライバシー侵害

（1） 名誉毀損

2では，検閲も含めた事前抑制の禁止について説明しましたが，事後の規制だからといって許されるわけではありません。ここからは，事後規制に関するいくつかの場面を見てみましょう。まずは名誉毀損です（→第9章）。

名誉とは，彼（彼女）は正直な人だ，仕事のできる人だなどなど，**人に対する社会的な評価**のことで，名誉権は人の価値にまつわる権利（人格権といいます）として憲法13条によって保障されると考えられています。ところが，彼（彼女）がこれこれのことで嘘をいっている，仕事で大きなミスをして会社に大損害を与えた，などの情報を発信すると，名誉すなわち社会的評価が低下しますが，これが名誉毀損として損害賠償責任（民709条等）が生じたり処罰されたり（刑230条）して事後規制を受ける可能性があります（すでに述べたように，事前抑制として差し止めが認められる場合もあります）。

しかし，例えば，「A衆議院議員は賄賂を受け取った」という表現は，Aさんの名誉を毀損しますが，こうした情報は国民みなが知っておくべき公共性のある情報です。こうした表現まで規制されてしまうとすれば，民主主義の中での表現の自由の役割をはたすことができません。そこで，**表現の自由と名誉権との調整**が必要となり，一定の場合には，名誉を毀損するとしても許されると考えなければなりません。

判例によれば，①表現されたことがらに公共性があること，②表現者が主として公益を図る目的でいたこと（ひたすら恨みを晴らすなどの目的ではだめということ），③指摘された事実が真実であること，あるいは真実であると信じるについて相当の理由があること，という要件をすべて充たした場合には，名誉毀損に該当するとしても法的な責任が生じないとされています。

（2）　プライバシー侵害

　プライバシーには様々な意味がありますが，伝統的には，**私生活をみだりに公開されない権利**として捉えられてきました（→第9章）。こうした意味でのプライバシー権は，名誉権と同様，人格権として憲法13条により保障されるほか，プライバシー侵害に対しては損害賠償責任が生じたり，裁判所による差し止めが認められる場合もあります。例えば，「Aには覚せい剤使用の前科がある」「Bは同性愛者である」といった表現は，AさんやBさんのプライバシー権を侵害します。

　しかし，Aが国会議員であったりした場合には，前科があるかどうかということは議員としての適性を判断する上で国民が知っておくべき公共性のある情報であるとも言えます。そこで，名誉毀損の場合と同様，プライバシー権についても表現の自由との調整を考える必要が生じるのです。

　判例によれば，表現の自由とプライバシー権との調整は，名誉毀損の場合と少し違い，比較衡量によって行われます。つまり，一方で，プライバシーを公表する目的や意義，公表の必要性等を，他方でプライバシーの公表の範囲や被害の程度等を考慮して，公表されない利益が上回ると考えられる場合には損害賠償責任が生じるとされています。

（3）　ヘイトスピーチ

　ヘイトスピーチという言葉は今日ではよく聞かれます，その意味合いははっきりしていません。しかし，おおよそ，特定の人種，民族等のマイノリティ集団に向けられた名誉毀損，侮辱あるいは憎悪の扇動を指すと考えられ，その根底には人種差別，民族差別等があります（日本の場合，その主な標的は在日韓国・朝鮮人〔在日コリアン〕です。在日コリアンについては第8章参照）。街中で，「○○人は日本から出て行け！」などと叫ぶデモ行進を見たことのある人もいるかもしれませんが，これらはヘイトスピーチの典型例です。

　普通の名誉毀損と違うのは，被害者が特定の個人や法人ではなく，在日コリアンなど漠然とした集団であることであり，つまりは個人の権利の侵害とはいえないことです。このことにより，名誉毀損などに関する既存の規制が適用されないのです。

　ヘイトスピーチを規制する国もたくさんある中で，日本ではこれまで規制は

ありませんでしたが，近年はヘイトスピーチの被害が深刻化し，規制すべきだという声も高まってきています。しかし，個人の権利の侵害とはいえず規制範囲が拡大するおそれがあるなどの理由で，慎重論も有力です。こうした中，2016年には**ヘイトスピーチ解消法**が制定されました。この法律は，ヘイトスピーチ解消に向けた国や自治体の取り組みを促進することが主な内容であって，表現の規制を行うものではありませんが，これまでのところ一定の効果があったとされています。そのほか，大阪市や川崎市など，在日コリアンの多い自治体で対策のための条例が制定されています。

4　性表現

（1）　青少年健全育成条例による有害図書類の規制

コンビニエンスストアやレンタルビデオ店，あるいはインターネット上で性行為を描写した画像や動画を含むコンテンツに簡単にアクセスできることは広く知られています。コンビニやレンタルビデオ店では，一般の雑誌やDVDとは区別して陳列されていることにも気づくかもしれません。これは，都道府県の**青少年健全育成条例**の**有害図書類の規制**によるものです。この制度は，青少年の健全育成にとって有害だと思われる雑誌やDVD等を指定し，18歳未満の青少年への販売やレンタル等を禁止するものです。

しかし，有害図書類だとされた雑誌やDVDであっても，表現の自由の保障を受けることには基本的に変わりがありませんので，青少年の健全育成という目的が重要であるからといって，都道府県がどのように規制しても良いということにならず，表現の自由との関係で許されるようなものでなければなりません。この点について，学説からは，有害図書類を見たからといって青少年が性犯罪に走る可能性が高くなるなどの科学的な根拠はないのだから，こうした規制は憶測によるもので許されないという批判もあります。

しかし，最高裁は，**岐阜県青少年健全育成条例事件**（最判1989年9月19日）で，有害図書が青少年の健全育成に有害であることは，すでに社会共通の認識になっているとして，有害図書類の規制は合憲だとしています。

（2）　わいせつ表現の規制

インターネット上では，レンタルビデオ店にあるようなアダルトビデオより

もさらに過激な動画も出回っていますが，これらは**わいせつ表現**として処罰される可能性があります（刑175条）。つまり，有害図書類の規制は青少年への販売等を規制するだけですが，わいせつ表現は，成人向けに公開する場合であっても処罰対象になることから，表現の自由との関係はより難しいものとなります。

　そもそも，わいせつ表現を規制する目的そのものについても議論があります。最高裁は最小限度の性道徳を維持することが規制目的だとしていますが（最大判1957年3月13日〔**チャタレイ事件**〕），自由な国において，特定の道徳を国が押し付けることそのものがおかしいという批判が有力です。青少年や見たくない人の保護のために規制をすることはありうるが，そうであれば見たい人に対して販売することも規制する現在の刑法は行きすぎだということになります。

　仮に，わいせつ規制が許されるとしても，わいせつの定義が広すぎたり曖昧だったりすると，芸術作品のようなものまで処罰されることになったり，実際には処罰されないにしても処罰を恐れて作品の発表をやめてしまうといった問題が生じ，違憲ではないかという問題もあります。この点，最高裁は，わいせつとは①いたずらに性欲を興奮又は刺激し，②普通人の正常な性的羞恥心を害し，③善良な性的道義観念に反するものを言うとし，文書全体をみて主として読者の好色的興味に訴えるものと認められるかどうかなどによって判断するとしていますが，依然として曖昧であるという批判があります。

　なお，わいせつ表現と区別しなければならないのは，**児童ポルノ**です。児童ポルノ禁止法によって規制されていますが，これは，性道徳の保護といったあいまいな目的ではなく，児童ポルノの製造や流通が被写体となった児童に対する性的虐待となることから規制されているもので，こうした規制は憲法上，基本的には問題ないといえます。

IV　集会の自由

1　集会の自由とは

　21条1項は，「集会，結社及び言論，出版その他一切の表現の自由は，これを保障する」として，言論・出版その他の表現の自由と同じ条文で集会の自由を保障しています。このことは集会の自由と表現の自由との関連性の強さを示し

ています。とりわけ，表現の自由がそうであったのと同様に，集会の自由も個人の自己実現や民主政にとって不可欠な自由で，したがって，集会の自由を規制する法律についてはその合憲性は厳しくチェックされなければなりません。

　集会とは，多数の人々が一定の場所に何らかの目的で集まることです。**デモ行進**も「動く集会」として集会の自由で保障されます。集会の自由の保障とは，集会を主催し，指導しまたは集会に参加するなどの行為について公権力が制限を加えることが禁止され，またはそのような行為を公権力によって強制されないことを意味します。

2　デモ行進の規制

　人々が街なかの道路などで何らかのメッセージを訴えながら行進するデモ行進を見かけることもあるでしょう。デモは労働運動や学生運動が盛んだった1970年代頃までは頻繁に行われてきましたが，その後は余り行われなくなり，21世紀に入り，特に2011年の福島第一原発事故以降，再び盛んになっています。

　デモ行進を行うためには，道路交通法や，多数の都道府県等で制定されている公安条例で定められている許可を受ける必要がありますが，この許可制の合憲性が問題となります。最高裁は，**東京都公安条例事件**（最大判1960年7月20日）で，許可制といっても「公共の安寧を保持する上に直接危険を及ぼすと明らかに認められる場合」以外は許可をしなければならないのだから，集会の自由に対する不当な規制ではないとして合憲判断を行いました。実際には，許可権者である公安委員会の恣意的な判断を許すような仕組みになっていたのですが，最高裁は，警察との衝突で死傷者も出すようなデモもあった当時の状況を背景に，こうした欠陥を問題視しなかったのです。

　今日行われているデモは平和的なものであり，公安条例のあり方については考え直す必要があるでしょう。

3　公共施設での集会の自由

　各地にある市民会館など公共施設では，様々な集会が日々行われており，集会の自由にとって重要な施設です。市民会館を利用するには事前に申し込みをして使用許可を得る必要がありますが，例えば政治的な集会は不許可といった

恣意的な扱いがされてしまうと集会の自由は現実には保障されないことになります。

　この点は最高裁にも理解されており，**泉佐野市民会館事件**（最判1995年3月7日）では，「公の秩序を見出すおそれがある場合」に当たるとして市民会館の利用申請を拒否できるのは，集会が開かれることによって，人の生命，身体又は財産が侵害され，公共の安全が損なわれる明らかな差し迫った危険が具体的に予見される場合に限られるとしました。

　市民会館や公園など市民に開かれた公共施設では，表現の自由や集会の自由を制限するような形で管理権を行使することが原則として許されないという考え方を**パブリック・フォーラム論**といいますが，泉佐野市民会館事件判決にはこの考え方が基礎にあるといえます。本書とびらのマンガも，こうした考え方を描いたものです。

Ｖ　結社の自由

1　結社の自由とは

　21条1項は，「集会，結社及び言論，出版その他一切の表現の自由は，これを保障する」として，集会の自由や言論・出版その他の表現の自由と同じ条文で結社の自由を保障しています。集会の自由について述べたことと同じですが，結社の自由も表現の自由と密接に関連し，また，違憲審査も厳格になされなければなりません。

　しかし，結社の自由は継続的な団体活動に関わる自由であり，表現の自由とは異なる特徴もあることにも注意が必要です。

　結社の自由にいう「結社」とは，共同・共通の目的をもって，特定の多数人が，意思形成を行う団体を形成し，継続的に結合することをいいます。政党や政治団体のほか，弁護士会のような職業団体，ボランティア団体，さらには学生のみなさんが所属するサークルも「結社」です。宗教団体や労働組合も結社だといえますが，これらは憲法上それぞれ特別の規定があり（20条，28条），それらによって保障されます。

　集会の自由との違いについてですが，集会も人々が結びつく方法の1つとい

えますが，集会は特定の場所に一時的に集まることであるのに対し，結社は継続的な団体に関わるものである点などに違いがあります。

　結社の自由には大きく2つの内容が含まれます。1つは，**個人の自由としての結社の自由**であり，個人が団体（ここで「団体」とは「結社」と同じ意味で使っています）を設立したり設立しなかったりすること，あるいは，既存の団体に加入したりしなかったりすることについて，公権力による制約を受けない自由です。2つ目は，**結社それ自体の自由**であり，団体としての活動が公権力により制約を受けない自由です。のちに述べるように，個人の自由と結社それ自体の自由とは，対立する側面もあります。

2　結社の自由の限界
（1）　個人の自由としての結社の自由の限界

　結社の自由も規制を受ける場合がありえます。ここでは前述の2つの区別に即してこの点を簡単に見てみましょう。まず，個人の自由としての結社の自由の限界として重要なのは，**強制加入団体**の制度です。これは，一定の場合に団体への加入を義務付けるもので，個人の自由としての結社の自由のうち，団体に加入しない自由の規制となります。

　このような制度がとられているのは，弁護士，司法書士，税理士などの高度専門職についてであり（ただし，たとえば医師会は強制加入ではなく，高度専門職のすべてが強制加入制であるわけではありません），例えば弁護士となるためには，司法試験に合格して資格を得ただけではだめで，弁護士会に入会して登録をされなければなりません。

　強制加入制は結社の自由の規制にはなりますが，それらの職業が高度の専門技術性・公共性を有していることから，団体の目的や活動範囲がそれらの確保・維持のためのものに留められている限り違憲とはいえないと考えられています。逆に言えば，団体の目的や活動範囲は限定されたものになるということですが，これについては3で述べます。

（2）　結社それ自体の自由の限界

　1で見たように，結社には様々なものがあり，基本的に，どのような活動を目的としていても構わないのですが，特に有害な活動を目的としている結社に

ついては法律で規制されています。

　例えば，**破壊活動防止法**は，団体の活動として暴力主義的破壊活動を行った団体は，活動の制限のほか，解散指定を行うことができるとしています。また，**団体規制法**（正式名称は「無差別大量殺人行為を行った団体の規制に関する法律」）は，例えばサリンを使用するなどして無差別大量殺人を行った団体に対して，監視のための各種の処分を行う事ができると定めています。これは，オウム真理教によるテロ（1995年）を受けて制定されたもので，オウム真理教の後継団体に適用されています。さらに，暴力団対策法は，暴力団に対する各種の規制を行っています。

3　結社と個人

　個人は結社に加入することにより，1人ではできないような活動を行うことができるという意味で，結社の自由は個人の自由を広げてくれるものです。しかし他方で，みなさんがサークルなどで経験するように，結社の方針と個人の意見とが対立することもあり，その場合に結社の方針が優先されるのだとすれば，個人の自由はその分制限されることになります。

　結社の方針にどうしても我慢できなければ，最終的には結社を脱退するという手段もありますが，先ほど触れた強制加入団体の場合にはそうも行きません。そこで，特に強制加入団体については，結社とその構成員との間に難しい問題が生じるのです。

　この点については，2つの重要判例があります。まず，**南九州税理士会事件**（最判1996年3月19日）では，強制加入団体である税理士会が，政治団体に寄付を行うために特別会費を徴収するという決定をしたところ，これが構成員である税理士の思想・信条の自由を侵害するので決定は無効ではないかということが争われました。いま，税理士の思想・信条の自由といいましたが，この事件の場合で言えば，政治的な思想・信条の自由ということで，政治団体に寄付を行うということはその政治団体を支持しているということを意味するわけですが，その政治団体を支持していないのに間接的にではあれ寄付をさせられるのは政治的な思想・信条の自由に反するのではないかということです。

　この南九州税理士会事件では，最高裁は，税理士会は税理士の業務の遵守お

よび税理士業務の改善進歩に資するためという特定の目的のために税理士法によって設立が義務づけられているもので，強制加入団体であることもあり，税理士会が行うことのできる活動の範囲（「目的の範囲」）も限定的に考えるべきで，政治団体への寄付は目的の範囲外であってそのための特別会費徴収の決定も無効であるとしました。

　もう１つの重要判例は，**群馬司法書士会事件**（最判2002年４月25日）です。これも似たような事案ですが，阪神淡路大震災（1995年）のあと，被災した兵庫県司法書士会を支援するため，群馬司法書士会が特別負担金を徴収する決議をしたことの有効性が争われたものです。強制加入団体が会員に経済的負担を求めたという点では南九州税理士会事件と同様ですが，結論は逆で，群馬司法書士会事件では最高裁はこの決議を有効としました。その理由は，被災地での司法書士業務の支援は，司法書士会の目的の範囲内であること，また，求められた負担が大きすぎるわけではないこと，会員の思想・信条の自由等を害するものではないこと，といったものでした。

VI　学問の自由と大学の自治

1　学問の自由とは

　23条は「学問の自由は，これを保障する」と定めています。真理の探求を目的とする学問は，専門家同士の議論によって発展していくものですから，国が「〇〇教授の説は間違いである」などとして学問に介入することは，学問の発展を妨げることになります。17世紀の前半，カトリック教会が，太陽が地球の周りを回っているという天動説が真理であるとし，地球が太陽を回っているとする地動説を唱えたガリレオ・ガリレイ（1564-1642）を処罰したという事件は科学の発展に対して相応の悪影響を及ぼしました。

　他方で，国は，自分に都合の悪い研究成果を否定するため，あるいは逆に自分に都合の良い研究成果を宣伝等に利用するため，学問研究に介入したいという誘惑に常にかられています。

　戦前の日本では，反政府的な学問研究を「国体に反する」として弾圧する例が見られました。有名な事件としては，京都帝国大学教授で刑法学者の滝川幸

辰（1891-1962）の講演が問題視され，その著書が発禁となり，さらには大学を休職処分とされた1933年の**京大事件**（滝川事件），東京帝国大学教授の美濃部達吉（1873-1948）の天皇機関説という憲法学説が国体に反するとされ，全ての公職を退くことを余儀なくされ，また，著書も発禁となった1935年の**天皇機関説事件**などがあります。

　学問の自由の内容の多くは表現の自由に含まれるとも考えられますが，日本国憲法がわざわざ表現の自由を保障する21条とは別に23条で学問の自由を保障したのは，こうした戦前の経験に対する反省を踏まえたからだと考えられます。

　また，表現の自由とは別に学問の自由を保障することのもう1つの意味として，学問の自由には，狭い意味での学問の自由，つまり，**個々の研究者の自由**（学問研究や研究成果の発表等の自由）のほかに，研究者の所属する大学そのものの自由（**大学の自治**）も含まれるということもあります。大学の自治は表現の自由からは直接導き出すことはできない保障内容です。

2　狭義の学問の自由

　狭義の学問の自由に含まれる主な内容は，①**学問研究の自由**，②**研究成果の発表の自由**，③研究成果に基づいて教える自由（**教授の自由**）の3つです。これらの自由に対して国が規制を加えることは原則として許されず，規制がされた場合にはその合憲性は厳格に審査されるべきです。原子力研究のように，研究施設やその周辺に危険が及ぶおそれがあるような場合に安全確保のための規制が許されることは当然ですが，研究テーマや内容そのものがおかしいと言った理由による規制はまず認められないと考えられます。

　もっとも，今述べたのは規制についてであって，国からの研究費の助成（補助金）については話が別です。そこでは，研究内容の優劣によって補助金が支給されたりされなかったりということが認められます。ただし，学問の自由の観点からは，恣意的な判断にならないような適正な審査体制・手続が求められます。

　ところで，大学に所属する研究者が学問の自由を享受できるのは，大学が学問研究の中心であることからして当然ですが，それ以外はどうでしょうか。こ

の点については，教授の自由が誰に対して保障されるのかということとの関連で訴訟でも争われてきました。**東大ポポロ事件**（最大判1963年5月22日）では，教授の自由は大学の研究者に対してのみ保障されるとされていました。しかし，その後の**旭川学テ事件**（最大判1976年5月21日）では，高校以下の学校の教師に対しても，教授の自由が一定範囲で認められると判断されています。ただし，高校以下の学校の**教師の教授（教育）の自由**は，大学の研究者の場合と比べて保障の程度が低いとされました（→第14章）。

3　大学の自治

　23条には明示されていませんが，同条は**大学の自治**も保障しています。これは，大学が学問研究の拠点として重要な役割を果たしてきたことから，大学に対する国の介入を防止することによって個々の研究者の学問の自由の保障を強化しようとするものだと考えられます。大学に関する制度を定める法令は，大学の自治の要請を踏まえたものでなければなりません。

　大学の自治の主な内容としては，①研究者の人事，②大学施設と学生の管理といったものが挙げられます。戦前の京大事件（滝川事件）は，文部大臣が京大側の意向に反して滝川教授を休職処分としたものであり，①の意味で大学の自治が踏みにじられたものといえます。

　もっとも，戦後，大学の自治に関する大きな問題として議論されてきたのは②の大学施設の管理，とりわけ，警察官を大学内に立ち入らせてよいかどうかという問題でした。これは，戦後盛んになった学生運動を監視するために警察の公安担当の警察官が大学内に潜入して情報収集をしようとしたことを背景とするものです。この点について争われたのが先ほども触れた**東大ポポロ事件**であり，ポポロという政治的な学生劇団の劇が大学内で上演された際に，警察官が観客として紛れ込んでいたもので，情報収集を目的とする警察官の大学への立ち入りが許されるかが争われました。この点について最高裁は，問題となった演劇が真に学問的な研究とその発表のためのものではなく，実社会の政治的社会的活動であり，かつその劇そのものは誰でも鑑賞できるものであったことなどから，警察官の立ち入りが大学の自治を侵害するものではないとしました。

はじめに

本章では，経済活動に関わる自由について説明します。

大学生になり，皆さんも以前より経済活動の機会が増えたのではないでしょうか。一人暮らしを始めた人は，気に入った物件を借り，生活に必要な契約をし，一から日用品を買い揃えたことでしょう。新しくバイトを始めた人は，バイト代で旅行をしたり，趣味のものを買い集めたりという経験をしていることと思います。

このように，私たちには好きなところに住み，やりたい仕事をし，自分が働いて得たお金を自由に使う権利が憲法で保障されています。もちろん，精神的自由がそうであったように，これらの権利も100％自分の思い通りにしてよいわけではありません。社会で共存していくためのルールが，自由に対する規制という形で課されています。以下では，経済的自由とはどういうもので，私たちの経済活動がどのような規制に服しているのかについてみていくことにします。

I　経済活動と規制

1　経済的自由とは何か

具体的な規制について説明する前に，まずは，経済的自由がどのような性格の自由であるのかを概観しておきましょう。

経済的自由は，第8章の「人権の歴史」からも明らかなように，消極国家から積極国家（福祉国家）へという国家観の転換によって，大きな影響を受けた権利の1つです。20世紀以降，福祉国家の実現を国家が果たしていくことと引き換えに，経済活動は一定の制約に服するものと理解されるようになりました。もちろん，国家に干渉されることなく自由に経済活動を行いうることが，経済的自由の基本的要請です。しかし，国家が全く干渉せず，完全に自由な経済活動を許してしまうと，様々な形で社会にひずみをもたらすことが明らかになったのです。そこで，例えば，行き過ぎた貧富の差が生じるところに対しては，経済的強者の経済活動に制限を加え，他方で経済的・社会的弱者の福祉に配慮するといった社会経済政策がとられるようになっていきました。「所有権

は義務を伴う。その行使は同時に公共の福祉に役立つものでなければならない」と定めたワイマール憲法（1919年）は，最初にその理念を表したものといわれています。これと同様に，日本国憲法も，経済的自由を保障する2つの条文（22条，29条）で，「公共の福祉」を理由とする制約のあることを（13条に重ねて）特に明記しています。財産の所有について，憲法よりさらに詳しく定める民法も，「所有者は，法令の制限内において，自由にその所有物の使用，収益及び処分をする権利を有する」と規定しています。つまり，自分が働いて得た所有物でさえも，常に完全に自由に扱えるとは限らないのです。

　経済的自由の制約の根拠には，様々なものがあります。先に述べたような経済的・社会的弱者の保護のみならず，市民生活の安全の確保や，日本経済の均衡のとれた発展など，様々な角度から，国家は私たちの経済活動に対し規制を加えています。

　ただし，ここで大切なのは，そのように自由に一定の修正を加えるにしても，国家の市場への介入は過剰なものとなってはならないということです。ルールを必要以上に張り巡らせて，市場を過度に管理したり，あるいは個人を過度に国家に頼らせたりするようであれば，それはもはや自由主義体制・資本主義体制とはいえず，憲法が想定するシステムとは異なるものとなってしまいます。

　ここで厄介なのは，国家による介入（規制）の加減です。一定の規制について，国民から「経済的自由を不当に制約している」という訴えがなされれば，裁判所は，その規制が「公共の福祉」に合致しているかどうか，つまり，過剰な介入になっていないかどうかを判断することになります。ただし，一般に，裁判所のこの判断には，限界があると考えられています。それはなぜでしょうか。

　社会経済の状況は日々変化するため，どのような社会経済政策を進めていくべきかは時代とともに変わります。国民全体の生活水準が変われば，国の目指すべき目標も変わります。このように，その時々の社会経済情勢を踏まえて，立法府は経済活動にどのような規制を及ぼすべきかを決定しています。裁判官は法のスペシャリストですが，こうした複雑な社会経済に関する高度な政策的判断は，政治部門より不得手です。結果として，経済的自由の領域では，立法

府に広い裁量が与えられ，その判断が尊重されることになります（→第6章〔自由裁量行為〕）。後述するように，経済的自由の中でも，立法府の裁量の幅は一様ではありませんが，一般に，経済的自由を制約する立法の合憲性は，精神的自由を制約する立法の合憲性ほど，厳格には審査されないと考えられています（→第11章〔二重の基準論〕）。

2　現代における経済的自由に対する規制の具体例

　22条と29条では，居住・移転の自由，外国移住の自由，国籍離脱の自由，職業選択の自由，そして財産権が保障されています。個別の権利の説明に入る前に，経済的自由に対する規制の具体例をいくつか紹介しておきましょう。

　①現代における政策的制約の1つの例は，独占禁止法です。この法律は，私的独占の排除を通じて，公正かつ自由な競争を促進することを目的としています。例えば，スマートフォンの会社を例に考えてみましょう。同じ市場に競争相手がいるため，月額料金を抑えたり，サービスを良くしたりして，自社製品を選んでもらうために各社がしのぎを削っています。ところが，仮にその中のA社がお金にものをいわせて，同業他社をすべて買収してしまったらどうなるでしょうか。経済活動が個人の全くの自由であるなら，そうやって「独占」してしまうことも，経済的強者（A社）の自由です。ただし，その場合，A社は競争相手がいたときのような企業努力をやめてしまうかもしれません。市場に競争相手がいなければ，スマートフォンが欲しい消費者は必ずA社の製品を買うため，あえて価格を下げる必要性も，性能を向上させる必要性もなくなるからです。そうすると，私たち消費者は，安くて良い製品を買えないという不利益を被りますし，またそれは，この分野の技術が向上しなくなるといった弊害を生むことになるでしょう。そこで出てくるのが，独占禁止法です。経済的強者による「独占」が，市場における自由な競争を阻害することを防ぐため，国家が「独占」を禁止するルールを作り，ルール違反を監視し指導するシステムを作ることにしたのです。このように，真に自由な市場とは，国家による干渉を一切斥けることから生まれるのではなく，経済システムの維持に，国家が一定程度，関与するからこそ維持されるという側面をもちます。現代社会において，独占禁止法が定めるような介入は，自由な経済活動を可能にする基盤を

作り，それを維持していくために正当化しうると考えられています。

　②経済的に劣位に立つ者の適切な保護も，現代憲法の要請する政策の1つです。資本主義体制のもとでは，経済的強者と経済的弱者が必然的に生じます。雇う側と雇われる側は，ある種この関係にあります。私的自治の原則の下では，いくらの賃金で雇い，どのくらいの時間働かせるかは，双方の合意によって決します。しかし，この双方は，決して対等な関係にはありません。極端な低賃金や過剰な労働時間は，雇われる側の生存さえ脅かすことがありますが，生きる手段として職を必要とする人々は，そうした契約に抗う術をもちません。そこで，「契約の自由だから」と双方の取り決めを全くの野放しにするのではなく，国家が，最低賃金を定め，長時間労働を禁止し，それに違反した者には一定のペナルティを課すという形で，雇う側の自由を制約しています（→第14章）。

　③公的年金制度をめぐる近年の諸改革も，経済的自由に対する政策的制約の側面をもちます。今のままでは将来世代が十分な年金を受け取れないという課題に対し，例えば，公的年金の額の伸びを抑えることなどが検討されてきました。現在の受給者の年金を抑えることで，将来世代の年金財源にまわそうという計画ですが，年金を受給する権利は憲法の保障する財産権です。ということは，その政策は，将来世代のために現在世代の財産権を制約することを意味します。国はこれを世代間の公平を図るため，つまり「公共の福祉」を実現するために必要な制約であると考えています。

　④コロナ禍において，私たちは様々な不自由を余儀なくされました。経済活動の自由も例外ではありません。例えば，飲食店に対し出された時短営業の要請は，営業の自由を大きく制約しました。この要請は，新型インフルエンザ等対策特別措置法に基づいたものですが，法律があれば，どんな自由の規制も許されるというわけではありません。過剰な規制は憲法違反の疑いを生じます。また，特措法自身，国民の自由と権利の制限は，必要最小限でなければならないと定めています。本章を一通り読み終えた後で，飲食店への営業規制はどのように正当化できるのか，考えてみてください。

Ⅱ　職業選択の自由

1　職業選択の自由とは何か

　22条1項は「何人も，公共の福祉に反しない限り，……職業選択の自由を有する」と規定しています。**職業選択の自由**には，職業を文字通り「選択」する自由と，その選択した職業を「遂行」する自由，つまり「営業の自由」が含まれます。

　皆さんも，そう遠くない時期に「就職」，つまり職業の選択を意識するようになるでしょう。そのとき未来の皆さんは，何を基準に就職先を選ぶでしょうか。仕事をすればお金を得られますが，給与の額だけを基準とする人は少ないでしょう。やりがいはあるかとか，自分の能力を発揮できるかとか，社会に貢献できるかとか，究極的には自分がどう生きたいかということを，多かれ少なかれ考えるのではないでしょうか。それは，人が，望む仕事に就き，それを遂行することを通じて，自分らしさを発揮し，成長していくことができるからです。つまり，職業とは，生計を維持するための単なる経済活動というばかりではなく，個人の人格的価値とも不可分な関連を有しています。そして，そうであるからこそ，職業選択の自由は，私たちにとって非常に重要な意義をもつということができるのです。

　ただしその一方で，この自由の保障を考える際には，その職に就こうとしている人や，現に就いている人のみならず，そこからサービスを受ける個々の消費者や，その職業の遂行によって影響を受ける社会全体にも，配慮することが必要となります。例えば，望めば誰でも医者になれるとすれば，患者の生命や健康が危険にさらされます。これを防ぐために，国家は，医師免許を取得した者しか医療行為を行いえないという制約を設け，国民の健康な生活を確保しています。

2　職業選択の自由の規制例

　このように，職業の種類や性質，内容，社会への影響などから，一定の職業には，それを開始するにあたって，一定のハードルが課されています。この

ハードルは，法律で慎重に定められており，その法律に従って，その職業を所管する行政部門（監督官庁）が営業を始めてよいかどうかを審査していきます。上にみた医師などは，**資格制**の職業に分類されます。他にも，①飲食店の営業については公衆衛生の観点から，②風俗営業については風俗環境の維持の観点から，③古物営業については犯罪予防の観点から（ここに盗品が流されやすいからです），**許可制**という形がとられています。許可制とは，法で一般的に禁止がかけられている行為について，申請を受けて監督官庁が審査し，問題がないと判断した場合に限り，禁止が個別的に解除される制度をいいます。酒の販売については**免許制**がとられています。これは，酒税の徴収を確実にするため，経営基礎のしっかりした業者かどうかを税務署長がチェックする意味合いがあります。

　これに対し，許可の取得を不要とし，監督官庁に事前に届け出るのみでよいのが，**届出制**です。理容業などがこれにあたります。

　電気事業やガス事業，鉄道事業，放送事業など公共性の強い事業については**特許制**がとられています。特許制とは，許可制のような一般的禁止の解除とは異なり，本来は国が独占すべきであるような公共性の強い事業について，それを行いうる能力と意思をもつ者に対し，国が特別に独占的または寡占的に営業権を付与する制度をいいます。

　他には，**禁止**という種別があり，売春などがそれにあたります。管理売春は刑罰をもって禁止されています。

　一般に，以上のような職業の「選択」そのものに対する規制の方が，職業の「遂行」に対する規制よりも，自由に対する制約の度合いは強いと考えられています。後者であれば，遂行の方法を変えるなどしてその職業を続けることが可能ですが，前者のように入口の部分で扉を閉ざされれば，その職業そのものに携わることができないからです。ただし，形式上は後者であっても，規制に従わないと廃業に追い込まれる場合，前者に近い強力な制約とみなすことができます。例えば，医薬品のネット販売を禁止する規制は，選択／遂行の区分に従えば，「遂行」の規制にあたります。しかし，ネットという販売経路でしか営業を成立させえない事業者にとっては，「選択」の規制にも等しい強力な制約であるともいえます。そのため，選択／遂行の区分で，一律に制約の度合い

をはかることは適切ではなく，規制の仕方やその効果など，様々な要因を勘案して判断する必要があります。そして，自由に対する制約の度合いが強いほど，裁判所にはより慎重な審査が求められることになります。

3 適正配置規制の合憲性

業種によって，最高裁の合憲／違憲の判断が分かれているのが，適正配置規制（距離制限規制）と呼ばれる規制方法です。新規に店舗等を持つ際，すでにある店舗から決められた距離を置くことを営業許可の条件とするものです。皆さんは，消費者の立場から，店舗が近接して立てば，買い物の選択肢が増えるし，価格競争が起きて安売りも増えるであろうから，こうした規制は不要ではないかと思うかもしれません。しかし，安売り合戦となって店舗が共倒れすることになったらどうでしょうか。あるいは無理なコストカットの結果，粗悪品が売られるようになるということも考えられます。適正配置規制は，そうした問題に鑑みて，①社会経済を調和的に発展させるという観点から，中小企業を保護する一方策として定められたり，②自由な営業を許すと，国民の生命や健康を危険にさらすからという理由で定められたりしています。一般に，①を積極目的規制，②を消極目的規制と呼んでいます。

①の例として，小売市場の適正配置規制が挙げられます。小売市場とは，食料品や日用品などを扱う複数の小売店が，１つの建物に入り営業を行うものです。最高裁は，経済的基盤の弱い小売商の事業活動の機会を保護する手段として，適正配置規制が「著しく不合理」であることが明白とはいえないと判断しています（**小売市場事件**（最大判1972年11月22日））。

②の例としては，薬局の適正配置規制が挙げられます。薬局について適正配置規制を設ける際，主張された理由は，薬局が近接して営業すれば，過当な競争が進み，乱売・廉売が生じて医薬品が適正に供給できなくなり，結果，国民の生命や健康を損なう恐れがあるというものでした。これに対し，最高裁は，主張されるような事実は認められず，不良医薬品の供給防止の手段として，適正配置規制が「必要かつ合理的な規制」であるとはいえないと判断しています（**薬局距離制限違憲判決**（最大判1975年４月30日））。

Ⅲ　居住・移転の自由，外国移住の自由，国籍離脱の自由

1　居住・移転の自由

　22条1項は，自らの望むところに居住し，または**移転する自由**を保障しています。この条項には，居住・移転の自由と，職業選択の自由が並べて保障してありますが，これは封建制のもと，人々を1つの場所に縛りつけ，特定の仕事に従事させていた時代のあったことと関係があります。封建制が解体され，身分による拘束から解放されたことにより，人は自由に移動し，職業を自ら選択することが可能になりました。その意味で，居住・移転の自由は，経済活動と関わりのある自由です。しかし他方で，この自由の行使を通じて，新たな土地で新たな人間関係を構築しうることに着目すれば，個人の生き方に大きな影響を及ぼしうる自由でもあります。その点で，居住・移転の自由は，精神的自由とも深く結びついた自由であるということができます。

　居住・移転の自由が制約される例として，伝染病患者の強制隔離や受刑者の収監，破産者の無断での引越しや長期旅行の禁止（裁判所に許可の申請を行わなければなりません）などが挙げられます。この自由を国が深刻に制約していた例が，ハンセン病患者の強制隔離政策です。2001年の裁判では，その政策は，予防上の必要性を超えて過度に人権を制約するものであり，何十年も前に合理性はなくなっていたと判断されました。国の政策は，居住・移転の自由の制約のレベルを超え，より広く人格権（13条）そのものに対する制約であったとも指摘されています。

　東日本大震災に伴う福島第一原子力発電所の事故の際，住民の居住や立ち入りを禁止する区域が設定されたことも，この自由の制約にあたります。もっとも，これは住民の生命または身体に対する危険を防ぐという目的のもと，正当化しうると考えられています。

2　外国移住の自由

　22条2項は，**外国に移住する自由**を保障しています。永続的な移住だけではなく，海外旅行などもこれに含まれます。そのため，相手国が受け入れるかど

うかは別の問題として，私たちは自分の行きたい国に自由に渡航し滞在することができます。ただし，パスポートは必携です。著しく日本国の利益または公安を害する恐れがあると判断された場合には，パスポートの発給が拒否されます。最高裁は，これを「公共の福祉」のための合理的な制約であると判断しています。また，すでにパスポートをもっていても，生命，身体，財産の保護の観点から，外務省がパスポートの返納を命じることがあります。紛争地域であるシリアでの取材を計画していたジャーナリストが，この命令を受けて渡航中止を余儀なくされた事件で，裁判所は，返納命令は生命・身体の安全確保のための制限であって，海外渡航の自由や取材の自由（→第11章）に直ちに反するということはできないと判断しています。

3 国籍離脱の自由

22条2項は，**国籍離脱の自由**も保障しています。ただし，無国籍となる自由を認めるものではなく，いずれかの国の国籍をもっていることが前提となります。

Ⅳ 財産権の保障

1 財産権を保障するとはどういうことか

（1） 29条1項

29条1項は，「財産権は，これを侵してはならない」と規定しています。これは，各人が現にもっている**具体的な財産上の権利**を保障するとともに，**私有財産制**という制度を保障したものと理解されています。

財産は，個人の生存と自由を維持していく上で，欠かすことのできない経済的基盤です。そうした財産の保持を認めることは，人間の自然的な欲求にかなうと同時に，社会を進歩させることにもつながります。先にみたように職業選択の自由が憲法で保障されていても，働くことにより得たものの権利性が否定され，自由に使用することもままならないなら，働くことの意味自体が減じるという場合もあるでしょう。そのため，憲法は現に有している財産に権利性を認め，公権力による侵害を禁止しています。そして，これと同時に，憲法は財

産の私有を認める法制度も保障しています。制度を保障するとは，制度の中核について法律により変更しえないことを意味します。変更しえない制度の中核とは，一般に資本主義経済体制と考えられています。そのため，社会主義体制や共産主義体制への移行は禁じられることになります。

（2） 29条2項

29条2項は，「財産権の内容は，公共の福祉に適合するやうに，法律でこれを定める」と規定しています。これは，憲法が財産権の内容形成を立法府に託していることを意味します。ただし，立法府は何ら拘束されることなく，無制約に財産権の内容を決定できるわけではありません。立法府の裁量の余地が，比較的広範であることはたしかですが，立法府による財産権の内容やその限界の決定は，上にみた29条1項の要請によって拘束されます。また，「公共の福祉に適合するやうに」とあることから，当然に，「公共の福祉」によって正当化しうる内容でなければなりません。そして，その内容の決定によって財産の価値が減じたとしても，その規制が必要かつ合理的な範囲内である限り，憲法上補償を求めることはできません。

もっとも，最高裁が，財産権を制約する立法を「公共の福祉」に合致せず違憲と判断した判決は，これまでに1つしかありません。**森林法違憲判決**（最大判1987年4月22日）といって，かつて森林法という法律が，民法で認められている共有物分割請求権を森林について制限していたことが争われた事件です。近代市民社会においては，単独所有が原則的な所有形態であるため，民法では「共有物は分割できる」と規定しています。ところが，当時の森林法は，森林の細分化を防ぎ森林経営の安定を図るという目的のもと，分割できる場合をかなり制限していました。これに対し，最高裁は，森林法の掲げる目的に鑑みて，共有林の分割請求権を制約するという手段には，合理性や必要性がないと判断しています。

2 損失補償

公共の目的を達成するために，特定の個人の財産を剥奪し，またはそれに等しい制約を加えることになった場合には，補償がなされます。これを**損失補償**といい，29条3項で「私有財産は，正当な補償の下に，これを公共のために用

ひることができる」と規定されています。

　例えば，空港やダムといった公共施設を作る場合，それが国民の利益にかなうと認められれば，建設予定の土地を公権力が強制的に取り上げることができます。これを**公用収用**といい，土地収用法という法律に基づく行為になります。適法な行為であっても，社会全体のために特定の個人に「特別の犠牲」を強いることになるため，その「犠牲」は何らかの形で補われなければなりません。損失補償制度は，金銭で国民みなが公平に負担しようという考え方に基づき，具体的な請求権を財産所有者に付与しています。なお，「正当な補償」とは，原則としてその財産の市場価格を指すと考えられています。

はじめに

　人権について定めた日本国憲法の第3章をご覧ください。この章には31の条文が載っていますが，そのうち実に約3分の1が刑事手続上の権利に関する条文です（18・31・33〜39条）。なんともアンバランスな印象を受けると思いますが，なぜこのような構成になったのかというと，それは日本の歴史と関係しています。戦前の日本では，いわゆる「思想犯」を取り締まる特別高等警察が，裁判所の許可状なしに国民の身体を拘束し，殴る蹴るの拷問を行うなど，非常に問題のある刑事手続が横行していました。例えば，『蟹工船』などで有名な小説家・小林多喜二（1903-1933）も，治安維持法違反の疑いで特別高等警察による凄惨な拷問を受け，29歳の若さでこの世を去りました。このような歴史に対する反省から，刑事手続上の権利は憲法で詳細に定めておかねばならないと考えられたのです。

　本章では，主に刑事手続上の権利を扱いつつ，それに関連する国務請求権（17・32・40条）についてもあわせて説明することにしましょう。

I　適正手続の保障

1　手続の法定と適正

　最初に取り上げるのは，刑事手続上の権利の総則的規定といわれる31条です。この条文は，「何人も，法律の定める手続によらなければ，その生命若しくは自由を奪はれ，又はその他の刑罰を科せられない」と定めています。要するに，犯罪者を罰するには，法律で定められた刑事手続を踏む必要があるということです。この規定を受けて，**刑事訴訟法**等の刑事手続に関する法律が制定されています。

　また，刑事手続は法律で定めていれば何でもよいというわけではなく，適正な内容のものでなければならないと解されています。何をもって「適正」というかは難しいところですが，例えば**第三者所有物没収事件判決**（最大判1962年11月28日）は，刑罰を科す場合には，相手方に「告知，弁解，防禦の機会」を与えること（つまり，刑罰の内容と理由を伝え，それに対する言い分を聴くこと）が必要だと述べています。なお，戦前に横行した**拷問**は，36条で絶対に禁じられ

ています。

2　実体の法定と適正

さらに、31条は、刑事の「手続」のみならず「実体」、つまり犯罪と刑罰の内容についても、「法定」と「適正」を求めていると解されています。

第1に、どのような行為を犯罪とし、その犯罪に対していかなる刑罰を科すかは、法律で定めなければなりません。この原則を**罪刑法定主義**といい、それを受けて**刑法**等の刑罰に関する法律が制定されています。犯罪と刑罰が法定されていなければ、国家が恣意的に刑罰を科すおそれがありますし、国民としても、いかなる行為が刑罰の対象となるのか予測できないため、行動が萎縮してしまうでしょう。そのため、この原則は大変重要です。なお、法律による授権があれば、刑罰を命令や条例で定めることも許容されます（→第4章、第7章）。

第2に、刑罰の内容は適正なものでなければなりません。特に重要なのは、**規定の明確性**と**罪刑の均衡**です。

まず、犯罪として禁止する行為の内容は、明確に定める必要があります。**徳島市公安条例事件判決**（最大判1975年9月10日）の言葉を借りれば、「通常の判断能力を有する一般人の理解において、具体的場合に当該行為がその適用を受けるものかどうかの判断を可能ならしめるような基準が読み取れる」ものでなければなりません。例えば、「やばい行為をした者は5年以下の懲役に処する」というような規定は、何を禁止しているのか（「やばい行為」とは何なのか）よく分からないため、31条に違反します。

また、刑罰の重さは犯罪の重大さに見合ったものでなければなりません。軽微な犯罪に対して重大な刑罰を定めてはならないのです。たとえば、「公園で立ち小便をした者は死刑に処する」というような規定は、罪刑の均衡を欠くため、31条に違反します（ちなみに、公園で立ち小便をする行為は軽犯罪法で禁止されており、違反すると拘留または科料に処せられます）。

なお、「犯罪に因る処罰の場合」には、受刑者を「意に反する苦役」に服させることも可能ですが、人格を否定するような「**奴隷的拘束**」は許されません（18条）。また、「**残虐な刑罰**」を科すことも絶対に禁止されています（36条）。判例によれば、残虐な刑罰とは、「不必要な精神的、肉体的苦痛を内容とする

人道上残酷と認められる刑罰」のことです。この点で特に問題となるのが**死刑**の合憲性ですが，31条が「法律の定める手続」によって「生命」を奪う可能性を認めている以上，死刑自体が残虐な刑罰に当たるとは解し難いでしょう。判例も死刑制度の合憲性を認めています（ただし，その合憲判断は現行法上の「絞首刑」を前提としたものであり，火あぶり等の残虐な執行方法による場合には36条に違反すると述べられています）。

憲法31条の保障内容

		手　　続	実　　体
法	定	刑事訴訟法等	罪刑法定主義
適	正	告知・弁解・防御の機会	構成要件の明確性，罪刑の均衡

3　行政手続への適用

ところで，31条は刑事手続上の権利の総則的規定だと説明しましたが，この条文は行政手続には適用されないのでしょうか。

適正な手続の保障は，行政活動においても当然重要でしょう。しかし，一口に行政活動といっても，住民票の発行や市役所で使う椅子の購入といった非権力的なものから，営業停止命令や脱税調査のための家宅捜索といった権力的なものまで，実に多種多様です。そのすべてに刑事手続と同等の縛りをかけるとすると，行政活動の迅速性・柔軟性が失われ，かえって国民の利益を損なうことにもなりかねないでしょう。

そこで，**成田新法事件判決**（最大判1992年7月1日）は，31条は行政手続にも適用されうるとしつつ，「行政処分の相手方に事前の告知，弁解，防御の機会を与えるかどうかは，行政処分により制限を受ける権利利益の内容，性質，制限の程度，行政処分により達成しようとする公益の内容，程度，緊急性等を総合衡量して決定されるべきものであって，常に必ずそのような機会を与えることを必要とするものではない」と説きました。

本判決の翌年，行政手続に関する一般法である**行政手続法**が制定されました。この法律は，不利益処分の相手方に対して告知・弁解・防御の機会を保障するなど，本判決の趣旨を具体化しています。

なお，後述する35条・38条についても，行政手続への適用の可否が問題とな

ります。この点，**川崎民商事件判決**（最大判1972年11月22日）は，刑事手続との類似性ないし連続性が認められる行政手続にはそれらの条文が適用される，という見解を示しています。

Ⅱ　身体拘束手続における権利

1　逮捕に関する権利

　ここからは，具体的な刑事手続上の権利について説明していきましょう。刑事手続は捜査→公判→判決という順に進みますので，その順番に従って，まずは捜査についてです。

刑事手続の流れと憲法上の保障

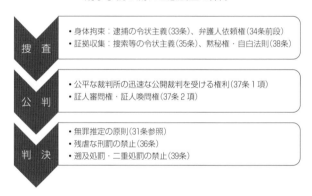

　捜査機関から犯人だと疑われている人（マスコミ用語でいう「容疑者」）のことを，起訴前は**被疑者**と呼びます（起訴後は呼び名が**被告人**に変わります）。捜査では，被疑者を逮捕したり，被疑者や被害者等の供述を聴取したり，犯行現場や被疑者の自宅等を捜索して証拠物を差し押さえたりします。被疑者の身柄の確保と証拠の収集が，捜査の主な目的なのです。以下では，このうち被疑者の身柄の確保に関する権利を扱いましょう。

　まず，**逮捕の令状主義**です。33条は，「何人も，現行犯として逮捕される場合を除いては，権限を有する司法官憲が発し，且つ理由となつてゐる犯罪を明示する令状によらなければ，逮捕されない」と定めています。つまり，被疑者

を逮捕するには，原則として裁判官（「司法官憲」）が発した許可状（「令状」）が必要だということです。逮捕は，被疑者の身体の自由を奪う行為ですから，捜査官の勝手な判断で行わせることは危険です。そこで，法律のプロであり中立的な立場にある裁判官が許可した場合でなければ，逮捕をしてはならないと定められたのです。

　もっとも，先に引用したとおり，**現行犯逮捕**の場合には令状は不要だとされています。その理由は，現に犯罪をしている者を発見した場合には，直ちに逮捕する必要性が高く，また誤認逮捕の危険性が低いためです。このほか，刑事訴訟法では，一定の重大犯罪をしたと疑うに足りる十分な理由があり，かつ令状を請求している時間的余裕がない場合に，逮捕後直ちに令状を請求することを条件として，無令状で逮捕することが認められており（**緊急逮捕**），判例上これは33条に違反しないとされています。

　なお，逮捕は，被疑者を懲らしめるためではなく，被疑者の逃亡や罪証隠滅を防ぐために行われるものです。そのため，逃亡や罪証隠滅のおそれがない場合には，いくら嫌疑が濃厚であっても，被疑者を逮捕することはできません。ちなみに，被疑者を逮捕した事件を「身柄事件」，逮捕しなかった事件を「在宅事件」というのですが，最近の統計では検察に送致された事件のうち6〜7割が在宅事件となっています。被疑者を逮捕するケースはむしろ例外的だということですね。

2　勾留に関する権利

　逮捕による身体拘束は，それほど長い時間できるものではありません。刑事訴訟法上，警察が被疑者を逮捕していられるのは最大48時間とされており，その後は書類や証拠物とともに被疑者の身柄を検察に送致しなければなりませんし，その身柄を受け取った検察も最大24時間しか逮捕を継続できません。逮捕後も引き続き被疑者の身柄を拘束するには，検察官が裁判官に対して**勾留**を請求する必要があります。裁判官がその請求を認めて勾留状を発すると，被疑者は10日間身体を拘束され，またその後に勾留延長請求が認められた場合には，さらに最大で10日間身体拘束が続きます。

　34条後段は，「何人も，正当な理由がなければ，拘禁〔≒勾留〕されず，要

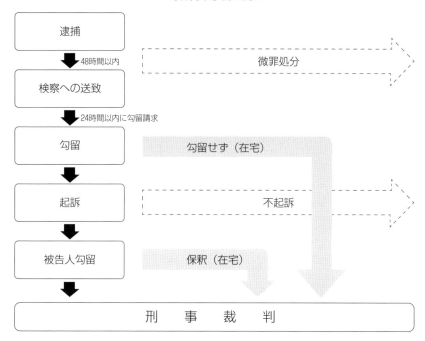

身体拘束手続の流れ

求があれば，その理由は，直ちに本人及びその弁護人の出席する公開の法廷で示されなければならない」と定めています。これを受けて，刑事訴訟法は，勾留をするには，罪を犯したことを疑うに足りる相当な理由があり，かつ，住居不定・罪証隠滅のおそれ・逃亡のおそれのうち少なくとも1つに該当することが必要であると定めるとともに，**勾留理由開示制度**を設けています。この制度は，裁判官が公開の法廷で被疑者に勾留の理由を告げ，関係者がそれに関して意見陳述をすることができるというものです。公開の法廷で行われるため，被疑者が傍聴に来た家族や友人等に会えるという副次的なメリットもあります。

3　弁護人依頼権

　34条は，「何人も，……直ちに弁護人に依頼する権利を与へられなければ，抑留〔≒逮捕〕又は拘禁されない」と定め，身体拘束の際の**弁護人依頼権**を保

障しています。被疑者は，十分な法的知識を備えていないことが通常ですから，自力で警察・検察と互角に渡り合うことは困難です。特に，逮捕・勾留された場合には，家族や友人等と自由に会うこともできず，孤立無援の状況に陥ります。そこで，法律のプロである弁護士に弁護を依頼する権利が保障されているのです。

　弁護人が被疑者に助言等を行うには，まず身体拘束されている被疑者と面会（接見）をする必要があります。そのため，刑事訴訟法は，弁護人が立会人なしに被疑者と接見する**接見交通権**を保障しています。同法は，捜査機関が「捜査のため必要があるとき」に接見の日時等を指定すること（**接見指定**）も認めていますが，それによって接見交通権が侵害されるようなことがあってはなりません。そこで，判例では，現に被疑者の取調べ等をしている場合や，取調べ等が間近かつ確実に予定されている場合でなければ，接見指定をすることはできないと説かれています。また，特に逮捕直後に行う初回の接見は，「弁護人の選任を目的とし，かつ，今後捜査機関の取調べを受けるに当たっての助言を得るための最初の機会であって，……憲法上の保障の出発点を成すもの」であるため，接見指定の要件を満たす場合であっても，なるべく即時または近接した時点での接見を許すべきだと判示されています。

　ところで，弁護人を依頼するには多額のお金が必要です。その費用は弁護士によって様々ですが，経済的に貧しい人には捻出が困難な場合も少なくありません。そこで，37条は，被告人に国のお金で弁護人を選任する**国選弁護制度**を要請しています。これを受けて，刑事訴訟法は，被告人のみならず被疑者の国選弁護制度まで定めています（なお，裁判所に国選弁護人の選任を請求できるのは，原則として預貯金等の資力が50万円未満である者に限定されています）。ただし，被疑者の国選弁護は，勾留状が発せられている場合にしか請求できません。逮捕直後（勾留される前）に弁護士と接見したい場合には，初回のみ無料で弁護士と接見できる**当番弁護士制度**を利用するとよいでしょう（ちなみに，国選弁護の費用は国民が納める税金で賄われているのに対し，当番弁護の費用は弁護士が納める弁護士会費で賄われています）。

Ⅲ　証拠収集手続における権利

1　捜索・差押えの令状主義

次に，証拠の収集に関する権利について説明しましょう。

まず，35条は，「何人も，その住居，書類及び所持品について，侵入，捜索及び押収を受けることのない権利は，第33条の場合を除いては，正当な理由に基いて発せられ，且つ捜索する場所及び押収する物を明示する令状がなければ，侵されない」と定めています。要するに，証拠物を見つけるために住居等を捜索し，発見した証拠物等を差し押さえるには，裁判官の令状が必要だということです。捜索・差押えは，被疑者のプライバシー権や財産権等を侵害するおそれがあるため，法律のプロであり中立的な立場にある裁判官の許可状が必要だと定められたのです。

なお，この令状主義には「第33条の場合を除いては」という留保があります。これを受けて，刑事訴訟法では，逮捕に伴う捜索・差押えには令状が不要だと定められています。

2　違法収集証拠排除法則

では，令状なしで捜索・差押えを行うなど，違法な手段によって物が収集された場合，その物を証拠とすることはできるのでしょうか。

捜査の方法が違法であったとしても，それによって収集された物の形状や性質に変化はありません。例えば，被疑者の指紋がついた凶器を無令状で差し押さえたからといって，その指紋が消えるわけではありません。しかし，だからといって，どれほど悪質な違法手段で収集した物であっても証拠にできるというのであれば，捜査機関が違法な捜査を繰り返すおそれがあるでしょう。

そのため，判例では，証拠収集手続に「令状主義の精神を没却するような重大な違法があり，これを証拠として許容することが，将来における違法な捜査の抑制の見地から相当でないと認められる場合」には，その物を証拠とすることはできない，と説かれています（逆にいえば，証拠収集手続の違法性が軽微な場合には，その物を証拠とすることができます）。

3 自己負罪拒否特権・自白法則

憲法は，証拠のうち特に自白について，以下のルールを定めています。

第1に，「自己に不利益な供述を強要されない」権利，いわゆる**自己負罪拒否特権**です（38条1項）。これにより，自白の強要が禁じられています。なお，刑事訴訟法は，さらに一歩進んで，自己に不利益か否かにかかわらず，一切の供述を拒否しうる**黙秘権**を保障しています。

第2に，自白法則です。これは2つに分かれます。1つは**狭義の自白法則**というもので，「強制，拷問若しくは脅迫による自白又は不当に長く抑留若しくは拘禁された後の自白は，これを証拠とすることができない」とされています（38条2項）。なお，刑事訴訟法では，より広く，「任意にされたものでない疑のある自白」はすべて証拠とすることができないと定められています。もう1つは**自白の補強法則**というもので，「自己の不利益な唯一の証拠が本人の自白である場合には，有罪とされ，または刑罰を科せられない」，つまり自白だけを証拠にして有罪判決を下すことはできないとされています（38条3項）。

証拠のなかで自白についてのみ特別なルールが定められたのは，自白が「証拠の王」と呼ばれるほど大きな力をもった証拠であるため，捜査機関が被疑者に対して自白を強要し，それにより被疑者の権利・利益が侵されるとともに，冤罪を引き起こすおそれがあるからです。実際，冤罪で死刑判決を受けた方々の多くも，被疑者段階では自白をしていました（最近の例としては，死刑判決確定後に再審で無罪となった**足利事件**が有名です）。それらの事件では，有罪となれば死刑の可能性が高いと分かっていても，なお無実の罪を認めてしまうほどの，悪質極まりない自白の強要がなされていたのです。

IV　公判手続における権利

1　起訴に関するルール

公判手続は，起訴（公訴提起）によって開始します。起訴をする権限を有するのは，原則として検察官のみです（**起訴独占主義**）。検察官は，有罪を証明するのに十分な証拠が揃ったと判断すると，起訴をします。ただし，十分な証拠が揃っていたとしても，犯人の性格・年齢・境遇，犯罪の軽重・情状，犯罪後

の情況等により，訴追の必要がないと判断した場合には，起訴をしないことが認められています（**起訴便宜主義**）。

　刑事訴訟法は，起訴の際に検察官が裁判所に提出できるのは，起訴状だけだと定めています（**起訴状一本主義**）。これは，裁判所が公判前に書類や証拠を見ることで予断を抱かないようにするためで，「公平な裁判所」による裁判を受ける権利を保障した37条に由来する原則です。

2　公平な裁判所の迅速な公開裁判を受ける権利

　被告人は，「公平な裁判所の迅速な公開裁判を受ける権利」を有しています（37条1項）。「裁判所において裁判を受ける権利」は32条でも保障されていますが，刑事裁判については，それに加えて，公平性・迅速性・公開性まで権利として保障されているわけです。

　まず，公平性についてですが，判例上これは「偏頗〔偏り，不公平〕や不公正のおそれのない組織と構成をもつた裁判所」と定義されています。次に，迅速性については，具体的な基準等はありませんが，**高田事件判決**（最大判1972年12月20日）では，第一審の審理が15年にわたって中断するという極めて異常な事態が生じたことを受けて，審理を打ち切る**免訴判決**が下されています。最後に，公開性についてですが，これは第6章で説明しました。ちなみに，刑事裁判では，証人のプライバシー保護等のため，**遮蔽措置**やビデオリンク方式がとられることがありますが，判例によれば，それらは裁判の公開に反しません。

3　証人審問権・証人喚問権

　また，37条2項は，「刑事被告人は，すべての証人に対して審問する機会を充分に与へられ，又，公費で自己のために強制的手続により証人を求める権利を有する」と定め，**証人審問権**と**証人喚問権**を保障しています。

　証人審問権の保障を受けて，刑事訴訟法では，**伝聞証拠排除法則**というルールが定められています。これは，公判廷の外でなされた供述（例えば，警察による取調べでの被害者の供述）については，原則として証拠能力を認めないというものです。公判廷でなされた証言については，証人に対する反対尋問によって

正確性をチェックできますが，公判廷外での供述については，それができません。そのため，一定の要件を満たさない限り，そうした供述を証拠にすることはできないとされているのです。

V　判決における権利

1　無罪推定の原則

　最後に，判決に関するルールを説明しましょう。

　この場面で最も重要なルールは，**無罪推定の原則**です。被告人は，有罪判決が確定するまでは，無罪であると推定されます（31条参照）。そのため，有罪判決を下すには，検察官が有罪の証明に成功し，被告人が有罪であることについて裁判所が「合理的な疑いを差し挟む余地がないほどの確信」を抱くことが必要です。換言すれば，裁判所は，そのような有罪の確信を抱かない限り，無罪判決を下さなければならないのです。この原則は，冤罪を避けるための「安全弁」であり，刑事裁判の鉄則です。

　もっとも，それでは無罪判決が頻繁に下されているのかというと，決してそうではありません。日本の刑事裁判における有罪率は99％を軽く超えており，1000件に1〜2件程度しか無罪判決は下されていません。この極めて高い有罪率は，それ自体として問題があるわけではないものの，被告人に対する事実上の「有罪推定」に結びつき，冤罪を生む原因になっていると指摘されています。つまり，裁判官が「これまでも99％以上が有罪だったんだから，この被告人もきっと有罪だろう」という気持ちで事件を見てしまっている，といわれているのです。周防正幸監督の映画「それでもボクはやってない」には，「怖いのは，99.9％の有罪率が，裁判の結果ではなく，前提になってしまうことなんです」というセリフが出てきますが，これはまさに的を射た指摘といえるでしょう。

2　刑事補償請求権・国家賠償請求権

　無罪判決が下された場合，逮捕・勾留された被告人は，無実の罪で身体の自由を奪われていたことになります。そこで，その損失を償うため，40条は「何人も，抑留又は拘禁された後，無罪の裁判を受けたときは，法律の定めるとこ

ろにより、国にその補償を求めることができる」と定めており、これを受けて**刑事補償法**が制定されています（補償金額は、原則として1日当たり1000円〜1万2500円の範囲で、裁判所が決定します）。なお、同条は「無罪の裁判を受けたときは」と規定していますから、裁判に進む前に不起訴となった場合は、刑事補償の対象外です。この穴を埋めるため、法務省訓令である**被疑者補償規程**は、「罪を犯さなかつたと認めるに足りる十分な事由があるとき」は、身体拘束後に不起訴となった被疑者に対して補償をすると定めています。

　もっとも、無罪判決を受けた被告人としては、刑事補償を請求するにとどまらず、自分のことを疑った警察官・検察官に対して責任を追及したいと思うことでしょう。では、彼らに対して損害賠償を請求することは可能でしょうか。17条は「何人も、公務員の不法行為により、損害を受けたときは、法律の定めるところにより、国又は公共団体に、その賠償を求めることができる」と定めており、これを受けて**国家賠償法**が制定されています。しかし、判例によれば、国家賠償請求の相手方は「国又は公共団体」に限られており、公務員個人に対して請求することはできません。また、捜査・訴追の時点で被疑者・被告人に合理的な嫌疑があり、かつ捜査・訴追の手段が相当なものであったならば、その後に無罪判決が下されたとしても、それらの行為は適法と判断されます。したがって、国や公共団体を相手どったとしても、冤罪を理由とする損害賠償請求が認められるのは、例外的な場合に限られます。

3　遡及処罰・二重処罰の禁止

　39条は、「何人も、実行の時に適法であつた行為又は既に無罪とされた行為については、刑事上の責任を問はれない」として**遡及処罰**を禁止するとともに、「同一の犯罪について、重ねて刑事上の責任を問はれない」として**二重処罰**を禁じています。

　遡及処罰が禁止されるのは、罪刑法定主義（31条）からの当然の要請であるといえます。行為後に定められた規定によって処罰されるとしたら、刑罰権の恣意的な行使や国民に対する萎縮効果を防ぐという罪刑法定主義の目的を達することができないからです。

　二重処罰が禁じられるのも、31条が罪刑の均衡を要請している以上、当然の

ことです。いくら法律で犯罪の重大性に見合った刑罰を定めたとしても，その刑罰を何度も繰り返せるとしたら，結局過剰な刑罰を科すことになってしまうからです。刑事訴訟法では，判決が確定した事件について再度審理すること自体が禁止されており（一事不再理），そのような審理を求める起訴がなされた場合には，免訴判決を下すと規定されています。

第14章 社会権

はじめに

こんな状況を想像してみてください。みなさんが大学の教室で出席確認のためにIC機能つきの学生証を機械にかざすと，エラーと表示されました。そこで学生課に相談に行くと，「期限までに学費が支払われなかったので，除籍しました」と伝えられました。驚いたみなさんは，学費を支払ってくれていた田舎の親に電話をします。すると，なんと親は，借金取りから逃げるために夜逃げをしていました。親がいなければ，一人暮らしのマンションの家賃も支払ってもらえません。急いでアルバイトを探しても，すぐに家賃分のお金を貯めることは困難です。そうして途方に暮れ，半ば自暴自棄になっていると，ある日マンション管理会社の社員が訪ねてきて，「家賃を滞納しているので，契約を解除します」といわれました。さて，家も職もお金もないみなさんは，明日からどうやって生きていきますか。

これは，福澤徹三さんの小説『東京難民』（光文社，2011年）の序盤のストーリー（一部修正）ですが，実際に起きてもおかしくない現実味がありますよね。大学生に限らず，人はみな，ほんのちょっとしたことで「平凡な日常」を失います。病気になったり，障害を負ったり，会社をクビになったり――そんなとき，これまで勉強してきた自由権（国家からの自由）は，あまり役に立ちません。なぜなら，ここで「平凡な日常」を取り戻すために必要なことは，国に放っておいてもらうことではなく，国に助けてもらうことだからです。

国に助けを求める権利のことを，**社会権**といいます（→第8章）。憲法は，社会権として，生存権，教育を受ける権利，勤労の権利，労働基本権を保障しています（25〜28条）。本章では，これらの社会権について説明しましょう。

Ⅰ　生存権

1　生存権の法的性格

（1）　具体的な請求権の法的根拠

まず，最も典型的な社会権である生存権について説明します。

25条は，1項で「すべて国民は，健康で文化的な最低限度の生活を営む権利を有する」として生存権を保障するとともに，2項で「国は，すべての生活部

面について，社会福祉，社会保障及び公衆衛生の向上及び増進に努めなければ
ならない」として国の責務を定めています。

　もっとも，実はこの25条自体は，国民に具体的な請求権（例えば生活保護を請
求する権利）を保障したものではないと解されています。なぜなら，「健康で文
化的な最低限度の生活」とは何なのか，それをいかなる手段で実現するのかと
いった点について，憲法が何も定めていないからです。例えばみなさんが市役
所の生活福祉課の職員だったとして，どういう人に対して生活保護の支給を認
めるのか，生活保護の額はどのように決定するのかといったルールが定められ
ていなければ，生活保護の申請を処理できないですよね（上司から憲法25条だけ
が記された書類を渡されて，この条文に従って各申請を処理してくれといわれても，
困ってしまうでしょう）。

　そのため，生活保護請求権，障害年金請求権，児童扶養手当請求権といった
具体的な請求権は，25条自体が直接保障しているものではなく，具体的なルー
ルを定めた生活保護法，国民年金法，児童扶養手当法等の法律が制定されて初
めて認められるものだと解されています。この「法律によって初めて具体化さ
れる」という点は，生存権をはじめとする社会権の大きな特徴です。

（2）　抽象的権利説

　しかし，そうだとすると，25条が生存権を保障した意味は，どこにあるので
しょうか。25条が具体的な請求権の根拠とならないのだとすると，この条文は
法的には無意味なのでしょうか。

　そのように解する見解も，戦後初期の時代には有力に唱えられていました。
25条は「すべての国民に『健康で文化的な最低限度の生活』を保障するような
国になろう」という国家の目標（プログラム）を定めたものに過ぎず，法的な
権利・義務を定めたものではないという学説で，**プログラム規定説**と呼ばれて
います。ですが，これでは25条の意味があまりに小さくなるため，妥当な解釈
とはいえません。

　では，どう解すべきでしょうか。判例・通説は，25条は「健康で文化的な最
低限度の生活」を保障するための**社会保障制度**をつくる法的義務を国に課した
ものだ，と解しています。この見解を**抽象的権利説**と呼びます。憲法が社会保
障制度の具体的な内容を指示していない以上，どのような制度をつくるかは国

の裁量に委ねられますが，その裁量権が逸脱・濫用された場合には，25条に違反することになります（裁量については→第6章）。プログラム規定説の場合には，社会保障制度が25条違反と判断される可能性はゼロであるのに対し，抽象的権利説の場合にはその可能性が認められるわけです。

　なお，少数説ではありますが，**具体的権利説**という学説も存在します。これは，国が必要な社会保障制度をつくらない場合には，25条に基づいて「不作為〔何もしないこと〕の違憲確認訴訟」を提起することができる，という見解です（「具体的権利」説という名称ではありますが，25条自体が具体的な請求権を保障していると解するわけではありません）。しかし，今日ではすでに様々な社会保障制度が設けられていますから，この学説を採る実益は小さいでしょう。

2　社会保障制度と裁量
（1）　社会保障制度の創設における立法裁量

　前述のとおり，抽象的権利説を前提にした場合，国会が立法によって設けた社会保障制度が25条違反と判断される可能性があります。ただし，**堀木訴訟判決**（最大判1982年7月7日）によれば，そのような判断が下されるのは，社会保障制度が「著しく合理性を欠き明らかに裁量の逸脱・濫用と見ざるをえないような場合」に限られます。なぜなら，25条にいう「健康で文化的な最低限度の生活」は「きわめて抽象的・相対的な概念」であり，それを立法により具体化するに当たっては，「国の財政事情を無視することができず」，また「多方面にわたる複雑多様な，しかも高度の専門技術的な考察とそれに基づいた政策的判断を必要とする」ため，「憲法25条の規定の趣旨にこたえて具体的にどのような立法措置を講ずるかの選択決定は，立法者の広い裁量に委ねられて」いるといわざるをえないからです。

　堀木訴訟の争点は，障害福祉年金と児童扶養手当の併給を認めない「併給調整条項」の合憲性でした。視力障害者として障害福祉年金を受給していた原告は，女手一つで子どもを育てることになったので，児童扶養手当の支給を求めたのですが，併給調整条項を理由に支給を拒否されたため，この条項が25条等に違反すると主張したのです。これに対し，最高裁は，前記のとおり社会保障制度の創設には広範な立法裁量が認められると説いたうえで，障害福祉年金と

児童扶養手当の併給調整を行うか否かも「立法者の裁量の範囲に属する事柄」
であり，合憲だと判断しました。

（2）　社会保障制度の運用における行政裁量

　立法によって社会保障制度がつくられると，行政によってその制度が運用されます。行政機関は，法律上のルールを前提としながら，より具体的な基準を定めたり，国民の請求に対して決定を下したりします。制度創設の場面では国会に立法裁量が認められますが，この制度運用の場面においては，行政機関に行政裁量が認められることがあります。

　その一例が**朝日訴訟判決**（最大判1967年5月24日）です。この訴訟では，結核を患い生活保護を受けて入院していた原告が，月額最高600円という生活扶助基準額（日用品費）について，低額すぎて25条に違反すると主張しました。それに対し，最高裁は，保護基準の設定について厚生大臣（現・厚生労働大臣）の行政裁量を認め，月額最高600円という基準の設定が裁量権の逸脱・濫用に当たるとはいえないと判断したのです（ただし，訴訟の途中で原告が死亡したため，判決主文は訴訟終了となりました）。月額600円というのは，例えばパンツは年に1枚，肌着は2年に1枚だけ購入することを想定したもので，当時の物価を前提にしても相当低額ですが，それでも適法とされたのは，やはり厚生大臣に広い裁量が認められたためでしょう。

　もっとも，社会保障制度の運用は，25条だけでなく，各制度を定めた法律によっても枠づけられていますから，行政機関に常に広い裁量が認められるわけではありません。特に，国民にとって不利益な処分については，通常，行政裁量が否定されるか，あるいは裁量の幅が狭く解されます。例えば，生活保護を受給している人が収入を得たと認定された場合，その収入に応じて生活保護費が減額されるのですが，この減額処分（収入認定）に行政裁量は認められないと解されています。**福岡市学資保険訴訟判決**（最判2004年3月16日）は，そのような見解を前提に，生活保護を受給していた原告が子どもを高校に進学させるために積み立てた学資保険の満期保険金について，収入認定すべき資産には当たらないと解釈し，その収入認定を前提とした生活保護費の減額処分を取り消しました（この判決を受けて生活保護制度が改正され，子どもを高校等に通わせるための「高等学校等就学費」が生活保護費に加わりました）。

II　教育を受ける権利

1　教育を受ける権利の法的性格

次に，教育を受ける権利について説明しましょう。

26条1項は，「すべて国民は，法律の定めるところにより，その能力に応じて，ひとしく教育を受ける権利を有する」と定めています。この教育を受ける権利は，生存権と同様，社会権としての性格を有しています。つまり，この権利は，経済的に貧しい者でも等しく教育を受けられることを保障しており，それは国会が制定する法律によって具体化されるのです。この規定を受けて，**教育基本法や学校教育法**などの法律が制定されています。

もっとも，教育は，国が公教育制度をつくらなくても，家庭や塾・予備校などで行うことが可能です。また，国が教育に介入することは，教育の機会均等を実現するうえで有益ではありますが，それが行き過ぎると，戦前のように国家主義的な教育を招きかねません。そうだとすれば，教育を受ける権利を純粋な社会権（国の介入を請求する権利）とみるべきではないでしょう。このような理由から，教育を受ける権利は，「国民各自が，一個の人間として，また，一市民として，成長，発達し，自己の人格を完成，実現するために必要な学習をする固有の権利」，つまり**学習権**を基盤とするものであると解されています（最大判1976年5月21日〔旭川学テ事件〕）。

学習権は，自ら学習することが困難な「子ども」にとっては，「学習要求を充足するための教育を自己に施すことを大人一般に対して要求する権利」を意味します。そのため，子どもに対する教育は，「教育を施す者の支配的権能」ではなく，「子どもの学習をする権利に対応し，その充足をはかりうる立場にある者の責務」であるといわなければなりません。「子どもが自由かつ独立の人格として成長することを妨げるような国家的介入」は，人格権を保障した13条のみならず，学習権を保障した26条にも違反します（同判決）。

2 教育権の所在

(1) 教育権論争

26条に関する最も重要な論点の1つが，**教育権**（教育内容を決定する権能）の所在，つまり「教育内容を決定する権能を有するのは誰か」という問題です。

仮に教育を受ける権利が純粋な社会権だとすれば，公教育制度の整備は，ハード面（教育施設等）のみならず，ソフト面（教育内容）についても，国の役割だと考えるのが自然でしょう。しかし，前述のとおり，教育を受ける権利は学習権を基盤とした権利です。そのため，国民の人格形成に関わるソフト面については，国の介入を当然視することはできません。したがって，教育権の所在が問題となるのです。

この論点について，かつては，国家教育権説と国民教育権説という2つの学説が激しく対立していました（**教育権論争**）。**国家教育権説**は，国会や行政機関（文部科学省や教育委員会）が教育権を有するという見解であり，**国民教育権説**は，教師が教育権（教育の自由）を有するという見解です。

論争の火種となったのは，高校の歴史教科書を執筆していた歴史学者・家永三郎（1913-2002）が原告となり，**教科書検定制度**の合憲性などを争った，**家永教科書訴訟**と呼ばれる一連の訴訟です。教科書検定制度とは，民間で著作・編集された図書について，文部科学大臣が小・中・高校等の教科書として適切か否かを審査し，これに合格したものについてのみ教科書としての使用を認める制度です。家永先生は，この制度について，教育内容に対する国の行き過ぎた介入であると主張しました。

(2) 旭川学テ事件

このような教育権論争を終結させたのが，先ほどから何度か引用している，旭川学テ事件（最大判1976年5月21日）です。この判決は，国家教育権説や国民教育権説のように，教育権を国や教師といった特定の者に独占させるのではなく，親，教師，国等の各教育関係者に対して教育権を「分配」するという，画期的な解釈を示しました。

それによれば，親は，「子どもの将来に対して最も深い関心をもち，かつ，配慮すべき立場にある者」として，家庭教育や学校選択等について，教育権（教育の自由）を有します。また，教師は，「子どもの教育が教師と子どもとの間の

直接的な人格的接触を通じ，その個性に応じて行われなければならないという本質的要請」に照らし，教育の具体的な内容・方法についてある程度自由な裁量を有する等の意味で，教育権（教育の自由）を有します。最後に，国は，「一般に社会公共的な問題について国民全体の意思を組織的に決定，実現すべき立場にある」者として，親や教師等が教育権を有しない領域において，正当な目的のために必要かつ相当と認められる範囲で教育権を有します。

旭川学テ事件では，文部省（現・文部科学省）が主導した「全国中学校一斉学力調査」について，国の教育権の範囲を逸脱し，教育基本法が禁じている「不当な支配」に当たるか否かが争われたのですが，最高裁は，上記解釈を前提に，「不当な支配」に当たらず適法だと判断しました。なお，前述の家永教科書訴訟でも，同様の解釈を前提に，教科書検定は合憲・適法であるという結論が下されています（最判1993年3月16日〔第一次家永教科書訴訟上告審判決〕）。

3　義務教育

26条1項は教育を受ける「権利」を保障しているのに対し，同条2項は，「すべて国民は，法律の定めるところにより，その保護する子女に普通教育を受けさせる義務を負ふ」として，保護者が子どもに対して普通教育（職業的・専門的でない一般的・基礎的な教育）を受けさせる「義務」を定めています（この規定を受けて，学校教育法は，義務教育の期間を9年間，基本的には小学校6年間・中学校3年間と規定しています）。「義務教育」という名称から，子どもに教育を受ける義務があると勘違いされることも多いのですが，これはあくまでも保護者の義務です。子どもにとって，義務教育を受けることは「権利」であり，「義務」ではありません。

また，26条2項は，「義務教育は，これを無償とする」として，**義務教育の無償性**を保障しています。判例・通説は，ここでいう「無償」について，授業料の不徴収を意味すると解しています（**授業料無償説**）。授業料に限らず修学に必要な費用はすべて無償だとする学説（**修学費無償説**）も有力ではありますが，通説となるには至っていません。もっとも，憲法上の無償の範囲が授業料にとどまるとしても，立法によって他の費用まで無償とすることはもちろん可能です。判例も，憲法が保護者に対して子どもに普通教育を受けさせる義務を課し

ている以上，国は授業料以外の費用の負担についてもできるだけ軽減するよう配慮・努力することが望ましい，と述べています。実際，法律上，教科書は無償と定められていますし，経済的な理由によって就学困難と認められる児童・生徒の保護者に対しては，各市町村が学用品費，通学費，学校給食費，クラブ活動費，修学旅行費等を援助する「就学援助制度」が設けられています。

Ⅲ　勤労の権利・労働基本権

1　勤労の権利と義務

　最後に，勤労の権利と労働基本権について説明しましょう。まずは勤労の権利についてです。

　27条1項は，「すべて国民は，勤労の権利を有し，義務を負ふ」と規定し，国民に勤労の権利を保障するとともに，勤労の義務を課しています。

　勤労の権利とは，労働の意思と能力があるにもかかわらず失業状態にある者が，国に対して労働の機会（あるいはそれに代わる保護）を請求する権利です。とはいっても，実際に労働の機会が得られるかどうかは，会社の採用試験次第であり，国がどうにかできる問題ではありません。国にできるのは，労働の機会を確保するための制度を設けることだけです。つまり，勤労の権利は，生存権と同じく，制度の創設によって初めて具体化する社会権だということです。なお，勤労の権利を具体化した法律としては，職業安定法，労働施策総合推進法，雇用保険法などを挙げることができます。

　勤労の義務は，国民に対して労働を強制するものではありません。意に反する苦役を禁止した18条後段や，職業選択の自由を保障した22条1項が存在する以上，そのような強制は許されません。では，この義務にはどのような意味があるのでしょうか。通説は，能力も機会もあるのに勤労しない者に対しては，生存権や勤労の権利による保護（生活保護や雇用保険等）が認められない，ということを意味するものだと解しています。実際，生活保護法や雇用保険法には，そのような規定が存在します。

2 勤労条件基準法定主義・児童酷使の禁止

私法の大原則である**私的自治の原則**（契約自由の原則）からすれば，労働者の勤労条件は，使用者（会社）と労働者の交渉によって決定するのが筋でしょう。しかし，一般的に，使用者と労働者の力関係は対等ではなく，使用者の方が圧倒的な優位に立っています（→第12章）。労働者は，職を失えば生活ができないわけですから，使用者からどれほど安い給料を提案されようとも，またどれほど長時間の勤務を求められようとも，それを拒否することは容易ではありません。このように，労使関係には，私的自治の前提である当事者の対等性が欠けているのです。

そこで，27条2項は，労働者を保護すべく，私的自治の原則を修正し，「賃金，就業時間，休息その他の勤労条件に関する基準は，法律でこれを定める」ものとしています（**勤労条件基準法定主義**）。この規定を受けて，**労働基準法**や**最低賃金法**等の法律が制定されており，例えば労働時間は原則として1日8時間，週40時間までといった勤労条件の最低基準が定められています。

また，27条3項は，心身ともに未熟な児童が，労働によって健康を害したり，学習の機会を奪われたりしないよう，「児童は，これを酷使してはならない」と定めています（児童酷使の禁止）。これを受けて，労働基準法は，「使用者は，児童が満15歳に達した日以後の最初の3月31日が終了するまで〔≒義務教育期間が終了するまで〕，これを使用してはならない」と規定しています。ちなみに，この話をすると，「でも，あの天才子役は5歳の頃からドラマに出てましたよね？」というような質問をされることがありますが，「映画の製作又は演劇の事業」については，児童を使用できるという例外規定があります。みなさんが観ていたドラマが法を犯していたわけではありませんので，ご安心ください。

3 労働基本権
（1）労働基本権の意義

次に，労働基本権について説明します。

28条は，「勤労者の団結する権利及び団体交渉その他の団体行動をする権利は，これを保障する」と定め，団結権・団体交渉権・団体行動権という3つの

権利を保障しています。これらの権利を総称して労働基本権と呼びます。

　前述のとおり，勤労条件の最低基準は法律で定められていますが，それ以上の条件については，使用者と労働者が交渉で決定します。しかし，1人の労働者が「給料が安すぎる！」と文句をいっても，使用者が簡単に給料を上げてくれるはずはありません。「給料を上げないなら，会社を辞めてやるぞ！」と迫っても，「どうぞお辞めください。あなたの代わりはいくらでもいますから」と悲しいことをいわれるのが関の山でしょう。しかし，従業員100名の会社で70名の労働者が一致団結し，一斉に「給料を上げないなら，働かないぞ！」といい出したら，どうでしょう。7割の従業員が職務を放棄したら，会社は倒産の危機に陥りますから，使用者としては給料アップを検討せざるをえなくなるはずです。このように，勤労条件の交渉において，労働者を使用者と対等の立場に立たせるために，労働基本権が保障されているのです。

　労働基本権は，少し特殊な性格を有する権利です。第一に，通常の人権は国家との関係で適用されるものですが（→第8章），労働基本権は私人間にも直接適用されます。私企業が労働基本権を侵害した場合にも，28条違反と判断されるのです。第二に，労働基本権は，社会権としての側面と自由権としての側面を併有しています。すなわち，国に対して労働基本権を確保するための制度を要求するという点において，社会権的側面を有するとともに，労働基本権を侵害する法令等を排除し，また労働基本権で保護された行為について民事責任・刑事責任の免除を保障するという点において，自由権的側面も有しているのです。なお，社会権的側面の具体化として，**労働組合法により不当労働行為救済制度**が設けられています。これは，使用者が労働基本権の侵害に当たる一定の「不当労働行為」を行った場合に，労働組合や組合員が**労働委員会**という専門的な行政機関に対して救済を求めることができるという制度です。

　以下，団結権，団体交渉権，団体行動権の具体的な内容について，順に説明していきましょう。

（2）　団結権

　まず，**団結権**とは，労働者の側からみれば，労働組合を結成したり，労働組合に加入したりする権利であり，労働組合の側からみれば，組合員を労働組合の決定に従わせる権利（**統制権**）を意味します。

このうち労働者の権利に関しては，**ユニオン・ショップ協定**の合憲性が論点となっています。ユニオン・ショップ協定とは，労働組合が使用者との間で締結する協定であり，協定締結組合に加入しない労働者を解雇することを内容とするものです。「労働組合に入らなかったらクビにする」というわけですから，「労働組合に加入しない自由」を侵害して違憲無効なのではないかという気もしますが，判例は，労働組合の拡大・強化に資するため，有効だと解しています。ただし，「労働組合を選択する自由」を侵害することは許されないため，協定締結組合以外の労働組合に加入している者（協定締結組合からの脱退・除名後に他の労働組合に加入した者も含みます）についてまで解雇義務を定めている場合，その部分は無効だと説いています。

他方，労働組合の権利（統制権）については，組合員の人権と衝突することがあるため，両者の調整が問題となります。この点に関しては，重要な判例が２つほどあります。

第１に，**三井美唄炭鉱事件判決**（最大判1968年12月４日）です。この判決は，労働組合の統一候補として推薦されていないにもかかわらず，市議会議員選挙に立候補した組合員に対して，立候補を取りやめるよう要求し，それを拒絶したことを理由に組合員としての権利を停止した行為について，立候補の自由（15条１項）の重要性に鑑み，労働組合の統制権の限界を超え，違法であると判断しました。

第２に，**国労広島地本事件判決**（最判1975年11月28日）です。この判決は，労働組合の臨時組合費のうち，①他の労働組合の闘争を支援するための資金，②労働組合が実施した安保闘争により不利益処分を受けた組合員を救護するための資金については，組合員の協力義務を肯定する一方で，③衆議院議員総選挙において労働組合出身の立候補者の選挙活動を支援するため，その所属政党に寄付をする資金については，「選挙においてどの政党又はどの候補者を支持するかは，投票の自由と表裏をなすものとして，組合員各人が市民としての個人的な政治的思想，見解，判断ないしは感情等に基づいて自主的に決定すべき事柄である」ことを理由に，組合員の協力義務を否定しました。

（３）団体交渉権

次に，**団体交渉権**とは，勤労条件等について労働組合が使用者と交渉をする

権利です。労働者が労働組合を結成するのも，ストライキ等の団体行動を起こすのも，すべては勤労条件に関する使用者との交渉を有利に進めるためですから，団体交渉権は労働基本権の中核をなす権利であるといえます。

団体交渉権の効果として，使用者は労働組合と誠実に交渉する義務（**誠実交渉義務**）を負います。ただし，使用者が必ず交渉に応じなければならない事項（**義務的団交事項**）は，①使用者が処分権限を有しており，かつ，②労働条件等の待遇または労使関係の運営に関するものに限られます。使用者が義務的団交事項について団体交渉を拒否することは，不当労働行為に当たり，労働委員会による救済の対象となります（また，裁判所に訴えを提起し，不法行為を理由に損害賠償を請求することも可能です）。

団体交渉の結果，一定の合意に到達した場合には，使用者と労働組合の間で**労働協約**が締結されます。労働協約は，個々の労働契約（個別的合意や就業規則）に優越する効力を有しており，組合員の労働契約の内容となります。

（4） 団体行動権

最後に，**団体行動権**とは，団体交渉を促進するために**争議行為**等を行う権利です。争議行為とは何かというのは，厳密に考えると難しい問題ですが，さしあたり**ストライキ**（労務の集団的不提供）のことだと思ってください。

争議行為は，形式上は，労務を提供する債務の不履行（民415条）や不法行為（民709条）に当たりますし，また威力業務妨害罪（刑234条）や強要罪（刑223条）に当たる可能性もあります。さらに，使用者としては，働かない労働者は解雇したいと考えるでしょう。しかし，正当な争議行為については，団体行動権の効果として，刑法上の違法性が阻却され（**刑事免責**，労組法1条2項参照），民法上の債務不履行責任・不法行為責任が免除され（**民事免責**，労組法8条参照），労働契約上の解雇や懲戒処分等も禁止されます（**不利益取扱いの禁止**，労組法7条1号参照）。

争議行為の正当性は，主体，目的，手続，態様という4つの点で判断されます。簡単にいえば，①労働組合が主体となり，②義務的団交事項についての交渉の促進を目的として，③団体交渉の手続を経てから，④暴力や財産権侵害を伴わない平穏な態様で行われる争議行為には，正当性が認められます。

公務員の労働基本権の制限

	団結権	団体交渉権	団体行動権
警察職員，消防職員，自衛隊員，海上保安庁職員，刑事施設職員	×	×	×
非現業公務員（※1）	○	△ （※2）	×
現業公務員（※3）	○	○	×

※1　非現業公務員とは，権力的な行政事務（公権力の行使）に携わる公務員のことです。多くの公務員はこれに当たります。
※2　団体交渉自体は可能ですが，労働協約を締結することができません。
※3　現業公務員とは，非権力的な行政事務に携わる公務員のことです。例えば，市営地下鉄の運転手や公立学校の用務員がこれに当たります。

（5）　公務員の労働基本権

　第8章でも少し説明しましたが，公務員は法律によって労働基本権を大幅に制限されています（詳しくは上記の表をご覧ください）。このような制限が28条に違反しないのかという問題は，長年議論の的となってきました。特に問題視されてきたのは，すべての公務員が争議行為を禁止されているという点です。

　この点について，**全農林警職法事件判決**（最大判1973年4月25日）は，合憲と判断しました。その理由は，①公務員の勤労条件は，公務員と政府との交渉ではなく，国会が制定する法律・予算によって定められるべきであること（**財政民主主義論**），②公務員の争議行為には，私企業のように市場の抑制力（「これ以上ストライキを続けたら会社が倒産しちゃうかもしれない」というプレッシャー）が働かないこと，③公務員には，争議行為を禁止する代わりに，人事院勧告等の代償措置が講じられていることなどです。

第**15**章　参　政　権

はじめに

　今や，パソコンやスマートフォンで買い物から旅行の予約までできる時代，投票もインターネットでできればいいのに……選挙の度にこんな考えが頭をよぎる人は，少なくないでしょう。ネット投票が可能になれば，投票所へ行く手間が省け，特に高齢者や，投票所までの距離が遠く，移動手段が少ない住民にとっては負担軽減になります。また，紙の投票用紙の場合，投開票作業に多大な時間と労力が必要となりますが，ネット投票によって，こういった作業はかなりの程度簡略化できそうです。

　その一方で，ネット投票には，安全性・公正性をどのように確保するかという大きな課題があります。サイバー攻撃などによって，誰がどの候補者に投票したかが分かってしまうと，投票の秘密を侵害することになるからです。また，投票所以外の場所では，特定の候補者に投票するよう強制するといった事態が起きやすく，自由意思に基づく投票という憲法上の要請をどのように確保するかも考える必要があります。

　2018年に総務省の有識者研究会は，在外投票に関してネット投票の導入を可能とする報告書をまとめており，これを受けて実証実験が進められています。海外に住む日本人の投票の機会は，大使館での投票や郵便投票などに限られている上に，短期間のうちに投票用紙を海外へ郵送するのが困難であるという問題もあり，導入を求める声は高まっています。まずは在外投票においてネット投票が実現されるか，今後の帰すうが注目されます。

I　参政権

　国民主権をとる日本国憲法は，国民が国政に参加するための権利として，選挙権や被選挙権などの**参政権**を保障しています。憲法には，参政権のほかにも，政治参加に関わる重要な権利が規定されています。例えば，表現の自由や集会の自由などの**精神的自由権**は，民主政治にとって不可欠な権利であるとされています（→第11章）。しかし，これらの権利は，その行使によって政治に影響力を与えることはできますが，参政権のように，国民が国家の政治的決定に関与することを，制度として保障するものではありません。

また，国や地方公共団体の機関に意見や要望を伝え，一定の措置を求める**請願権**（16条）も，広い意味では政治参加の一形態であるといえます。しかし，請願権は，請願を受けた機関に対して，その内容を実現する義務まで負わせるものではありません。したがって，請願権も，それが国家の政治的決定に国民が直接関与することを保障するものではないという点で，厳密には，参政権から区別されます。

Ⅱ　選挙権

1　憲法15条1項の意味

選挙とは，有権者が公務員を選任する行為をいいます。憲法15条1項は，「公務員を選定…することは，国民固有の権利である」と定めており，この規定が，**選挙権**の憲法上の根拠であると考えられています。憲法は，選挙権を行使する機会として，**国会の両議院の選挙**（43条1項）と，**地方公共団体の長および議会の選挙**（93条2項）とを定めています。

憲法15条1項を文字通り読むと，「公務員」のすべてを国民が選任することが，憲法上要求されているようにも思われます。しかし，通説において，そのような見解は採られていません。というのも，15条1項は，国政を担当する公務員の権威が国民に由来するという意味での国民主権原理を明らかにした規定であるとされているからです。したがって，必ずしも国民自身が，国政の担当者の選任についてすべて決定する必要はないと考えられています（国民主権については→第3章）。

また，憲法15条1項は，公務員の選定のみならず，その「罷免」に関しても，これを国民固有の権利であるとしています。もっとも，憲法は，公務員の罷免に関して，**最高裁判所裁判官の国民審査制**（79条2項）を規定するにとどまります。学説の中には，15条1項を根拠に，国民に国会議員の罷免権を認める説もありますが，通説によれば，憲法はこのような権利を否定していると考えられています。なぜなら，15条1項は，罷免に関しても，国民自身にその行使の可能性まで保障しているわけではないからです。また，国会議員が全国民の代表者であり（43条1項），選挙区の選挙人の意思に拘束されないことや，国会議

員がその地位を失う場合については，憲法上明確に規定されていることも（45条，46条，55条，58条2項など），国民の罷免権を否定する根拠とされています。なお，地方自治法においては，地方公共団体の議員および長の解職請求の制度が定められています（→第7章）。

2　選挙権の法的性格

（1）　学説の対立

　選挙権の法的性格をめぐっては，学説において争いがあります。一方の説は，**権利一元説**と呼ばれており，選挙権をもっぱら個人に認められた権利であるとみなします。これに対して，もう一方の説は，選挙権を個人の権利であるのみならず，公務としての性格をも有すると理解します。この説によれば，選挙は，国民が個人として国政に関する自己の意思を表明すると同時に，有権者の団体の一員として，公務員の選挙という公務に参加する手段でもあるとされます。後者は**二元説**と呼ばれており，通説の地位を占めています。両説は，選挙権の資格要件および投票の義務付けをめぐって対立してきました。

（2）　選挙権の資格要件

　まず，選挙権の資格要件に関して，憲法は，成年者による普通選挙を要求し（15条3項），人種，信条，性別，社会的身分，門地，教育，財産または収入による差別を禁止しています（44条但書）。この憲法の原則の枠内において，「選挙人の資格は，法律でこれを定める」（44条本文）ものとされ，**公職選挙法**がこれを規定しています。同法は，国会議員の選挙権を持つために必ず備えていなければならない積極的要件として，①**満18歳以上**であり，かつ②**日本国民**であることを挙げています（外国人の選挙権については，第8章を参照）。また，地方公共団体における首長および議員の選挙に関しては，満18歳以上の日本国民であることに加えて，③引き続き3カ月以上同一の都道府県または市区町村に住所を有していることも要件となります。

　これに対して，公職選挙法は，選挙権を失う場合の消極的要件（欠格条項）についても規定しています。このような要件としては，禁錮以上の刑に処せられ，その執行を終えるまでの受刑者や，選挙犯罪処刑者などが挙げられています。これらに1つでも当てはまると，選挙資格は剥奪されます。

権利一元説によれば，選挙権は純粋な個人の権利として捉えられるため，意思決定能力を持つ国民にはすべて，選挙権が付与されるべきことになります。したがって，受刑者や選挙犯罪処刑者など，意思決定能力を持つ者からも選挙権の剥奪を認めている現行の公職選挙法の規定は，違憲の疑いがあるとされます。これに対して，通説の二元説によれば，公務を遂行する能力・資格のない者から選挙権を剥奪することも，理論上は許されることになります。ただし，二元説をとったからといって，選挙権の制約が必然的に広く認められるわけではありません。なぜなら，公務遂行の能力をどのように解するかによって，選挙権が与えられる者の範囲も変わってくるからです。この意味で，両説の違いは相対的であるといわれています（選挙権の制限については，後述3を参照）。

（3） 投票の義務付け

第2に，投票の義務付け，または投票の棄権を認めるかという点についても，両説から異なる帰結が導かれる可能性があります。現行法においては，投票を強制したり，投票しなかったことに制裁を加えるような規定は存在しません。しかし，諸外国には，投票を義務化し，棄権した者に罰金等の罰則を科している国もあります。日本では選挙の投票率が著しく低下してきていることから，**義務投票制**を導入すべきだという声もあります。

この点，選挙権をもっぱら個人の権利と解する権利一元説によれば，投票の強制は憲法上当然に許されないことになります。これに対して，二元説の場合，選挙の公務としての性格から，投票の義務を導くことも論理的には可能です。しかし，二元説においても，自由投票の原則（後述3（5））に従って，投票は選挙人の自由な意思に基づいて行われるべきだとされており，義務投票制を認めることについては，消極的な見解がほとんどです。

3　選挙の原則

（1） 近代選挙の原則

選挙権の内容は，どのような選挙制度を定めるかということと密接に結びついています。この点について，憲法47条は，「選挙区，投票の方法その他両議院の選挙に関する事項は，法律でこれを定める」と規定し，選挙制度の仕組みの具体的決定を国会に委ねています。もっとも，国会が法律を制定するにあ

たって，守らなければならない憲法上の原則があります。これらは，民主主義の発展とともに確立されてきた近代における選挙の原則であり，日本国憲法によっても受容されています。以下では，普通，平等，直接，秘密，自由選挙の各原則について，その内容を紹介します（現行の選挙制度については，第4章を参照）。

（2）　普通選挙

　普通選挙とは，納税額や財産，さらに広い意味では人種，信条，性別などを，選挙権の要件としない選挙のことをいいます。欧米諸国では，長い間「教養と財産」を持つ者だけに政治参加の資格が認められ，有権者の範囲が限定されてきました。しかし，その範囲は次第に拡大され，19世紀から20世紀にかけて，普通選挙制が確立されるようになりました。日本においても，かつては**制限選挙**が行われ，1890年の第1回衆議院議員選挙においては，直接国税を15円以上納める25歳以上の男子にしか，選挙権が与えられていませんでした。その後，1925年に納税額の要件が撤廃され，25歳以上の男子すべてに，1945年には20歳以上の男女に，選挙権が認められることになりました。日本国憲法は，15条3項において「公務員の選挙については，成年者による普通選挙を保障する」ことを規定し，また44条但書において「人種，信条，性別，社会的身分，門地，教育，財産又は収入」による差別を禁止することによって，普通選挙の原則を確認しています。なお，選挙資格を持つ者の年齢は，2015年の公職選挙法改正によって，18歳以上に引き下げられました。

（3）　平等選挙

　平等選挙によれば，**一人一票の原則**に加えて，各有権者の一票の価値の平等も要求されます。かつては，財産や階級による差別がなされ，1人に2票以上を与える複数選挙や，有権者を等級に区分し，等級ごとに選挙を行う等級選挙が行われていました。日本においても，戦前の市町村会議員選挙では，等級選挙制が採られていました。これに対して，日本国憲法14条1項および44条によれば，選挙における平等が要求されることから，このような選挙制度は許されません。

　なお，平等選挙の原則に関しては，**一票の格差**の問題が争われてきました（→第10章）。

（4） 直接選挙

　有権者が候補者に自ら投票し，それによって当落を決する制度を，**直接選挙**といいます。これに対して，有権者が選挙委員を選び，この選挙委員が議員を選出する制度を，**間接選挙**と呼びます。かつて，間接選挙は広く行われていましたが，民主主義の発展にともなって廃止されていきました。日本においても，戦前の一時期の間，郡会，群参事会，市会，および市参事会が府県議会議員を選挙するという複選制が採られていましたが（準間接選挙制），その後，直接選挙に改められました。今日における間接選挙の例としては，アメリカの大統領選挙などの少数が挙げられるにとどまります。

　日本国憲法が，間接選挙を一切認めていないかについては，争いがあります。憲法は，地方公共団体の長および議員等について，「住民が，直接これを選挙する」としているのに対し（93条2項），国会議員については，直接選挙によることを明記していないからです。このことから，43条1項の「全国民を代表する選挙された議員」には，間接選挙による議員も含まれるとする見解があります。これに対して，有力な学説によれば，少なくとも衆議院議員が直接選挙によって選出されることは，憲法の要請であるとされています。

　直接選挙の原則との関係においては，名簿式比例代表制の合憲性が問題になりました。名簿式比例代表制においては，有権者は政党に票を投じ，政党が予め用意した名簿に従って当選者が決定されます。したがって，この制度の下では，有権者は候補者の選定を行わないため，それが直接選挙の原則に反するとされたのです。これに対して，最高裁は，**衆議院小選挙区比例代表並立制選挙無効訴訟**（最大判1999年11月10日）において，「投票の結果すなわち選挙人の総意により当選人が決定される点において，選挙人が候補者個人を直接選択して投票する方式と異なるところはない」と判示し，違憲の主張を退けています。

（5） 自由選挙

　自由選挙の原則によれば，有権者は，自由な意思に基づいて，自らが適当だと考える候補者や政党に投票すること（**任意投票制**），あるいは投票をしないこと（**棄権の自由**）が保障されます。この原則との関係では，投票を義務化し，正当な理由のない棄権に制裁を加える制度は許されるかが問題となります。2で述べたように，選挙権に公務としての性格を認める通説においても，15条4

項後段の投票の無答責，および19条の思想・良心の自由から，棄権の自由を保障すべきだとする見解が有力です。なお，選挙運動の自由については，5で後述します。

（6）　秘密選挙

さらに，**秘密選挙の原則**に基づき，投票における秘密を確保することも，有権者が自由な意思に基づいて投票を行うための必須の条件だとされています。公開選挙の下においては，有権者が選挙の利害関係者からの干渉，買収，威嚇，誘惑などにさらされやすいことが，歴史的に知られているからです。そこで，15条4項は，「投票の秘密」とともに，「選挙人は，その選択に関し公的にも私的にも責任を問はれない」ことを定めています。これを受けて，公職選挙法は，投票自書主義，無記名投票，投票の秘密保持，投票の秘密侵害罪などを定めています。

秘密選挙の原則との関係では，選挙権を持たない者，または不正投票を行った者の**投票の検索**が許されるかが問題となってきました。無資格者・不正投票者の投票であっても，その内容を調べることは，投票の秘密を害するおそれがあるからです。最高裁は，当選の効力に関する訴訟において，選挙権を持たない者の投票について，誰に投票したかを取り調べることはできないとしています（最判1948年6月1日）。これに対して，詐偽投票罪の捜査のために，警察が投票用紙を差押えて指紋の照合を行った事件において，最高裁は，「極めて例外的な場合に限られる」としながらも，そのような捜査を許容しました（最判1997年3月28日）。

また，心身の故障等のために投票用紙に自筆できない人の代筆を，公職選挙法が投票所の事務員に限定し，その人自身の希望する補助者を選任できないことが投票の秘密の侵害に当たるかが，近年裁判所で争われました。大阪高裁がこれを合憲とした後（大阪高判2021年8月30日），最高裁が上告を退けたため（最決2022年2月3日），合憲判決が確定しています。

4　選挙権の制約
（1）　違憲審査の方法

選挙権は，代表民主制の下において，国民に政治参加の機会を保障する重要

な権利です。それゆえ，学説においては，選挙権を制約する立法については，その合憲性を厳格に審査すべきだとされてきました。これに対して，判例はむしろ，選挙制度の仕組みの決定について国会に広い裁量を認め，緩やかな審査しか行わない傾向にありました。しかし，在外邦人の選挙権制限に関する2005年の最高裁判決（後述（2））以降，選挙権の重要性を考慮して，規制の合理性を厳しく審査する判決も下されるようになっています。

（2） 在外邦人の選挙権の制限

外国に住む日本人には，長い間，選挙における投票が認められていませんでした。なぜなら，日本に住民票を持たない者は，住民基本台帳を元に作成される選挙人名簿にも登録されない仕組みになっていたからです。比例代表選挙については，1998年に在外公館での投票が認められるようになりましたが，選挙区選挙については，候補者個人の情報を適正に伝達するのが困難であるといった理由から，選挙権の行使が制限されてきました。

これに対して，最高裁は，**在外邦人選挙権制限違憲判決**（最大判2005年9月14日）において，このような選挙権行使の制限を違憲と判断しました。この判決では，選挙権またはその行使を制限することは「原則として許されず」，その制限には「やむを得ないと認められる事由」がなければならないとの基準が示されました。その結果，在外邦人の選挙権制限については，通信手段の目覚ましい発達などによれば，今日において候補者に関する情報の伝達が著しく困難であるとはいえず，「やむを得ないと認められる事由があるということはでき」ないと判示されました。この判決は，選挙権の重要性に配慮し，その合憲性の審査について厳しい基準を示した画期的判決であるとみなされており，後の裁判例に影響を与えました。

また，最高裁は，在外邦人による国民審査権行使の制限についても，在外邦人審査権制限違憲判決（最大判2022年5月25日）において，「憲法は，選挙権と同様に，国民に対して審査権を行使する機会を平等に保障している」とした上で，上記の2005年大法廷判決の示した厳格な基準を用いて，これを違憲と判断しました。

（3） 成年被後見人の選挙権剥奪

公職選挙法は，前述のように，一定の場合に選挙資格の剥奪を認めていま

す。これらの規定が選挙権の侵害に当たるかについては，裁判においてたびたび争われてきました。

　まず，認知症，知的障害，精神障害などによって十分な判断能力を持たないために，家庭裁判所の後見開始の審判によって後見人を付された成年被後見人は，かつては選挙資格を失うものとされていました。しかし，東京地裁は，成年後見の基準となる財産管理能力と，選挙権を行使する能力とは異なると述べて，選挙資格の剥奪を定めた規定を違憲と判断しました。この判決を受けて，公職選挙法の当該規定は削除されることになり，現在では成年被後見人にも選挙権が認められています。

（4）　禁錮刑以上の受刑者の選挙権剥奪

　同様に，公職選挙法の定める，禁錮刑以上の受刑者の選挙資格の剥奪についても，その合憲性が争われてきました。刑の執行上必要な，移動の自由等の制限はやむを得ないとしても，それを超えて選挙権を剥奪することが許されるかは，自明でないからです。この問題について，近年下級審が判決を下していますが，その判断は分かれています。

（5）　在宅投票制度

　公職選挙法によれば，選挙人は「自ら投票所に行き」，投票するものとされています（投票所投票主義）。しかし，身体に重い障害を持つ人にとって，投票所へ足を運ぶことは容易ではありません。そこで，1948年に，不在者投票の1つとして，身体障害者のための**在宅投票制度**が設けられました。

　しかし，制度の悪用による選挙違反が後を絶たず，在宅投票制度は1955年に廃止されました。これに対して，制度廃止により選挙権を行使できなくなったことが憲法15条等に反するとして，国に損害賠償を求める訴訟が提起されました。最高裁は，**在宅投票制度廃止事件**（最判1985年11月21日）において，選挙権侵害の問題に直接触れることなく，国会議員の立法行為は原則として国家賠償の対象にはならないと述べて，請求を退けています。もっとも，国会においては制度の復活が検討され，1974年に**郵便投票制度**が導入されることになりました。郵便投票の対象者は，当初，重度の身体障害者に限られていましたが，2004年から要介護者の一部にも拡大されています。

　精神的な原因による投票困難者については，これまで何ら立法措置がなされ

てきませんでした。これに対して，精神発達遅滞および不安神経症によるひきこもりのために投票所に行くことができず，選挙権行使の機会を奪われたとして，国に損害賠償を求める訴訟が提起されました。最高裁は，この事件においても，国会議員の立法行為の違法性は例外的にしか認められないとして，請求を棄却しています（最判2006年7月13日）。

5　選挙運動の自由

（1）　選挙運動の意義

判例によれば，**選挙運動**とは，特定の選挙について，特定の候補者の当選を目的として，投票を得または得させるために直接または間接に必要かつ有利な行為であるとされています。選挙運動の自由は，前述の自由選挙の原則によって基礎付けられると同時に，表現活動の一形態として，21条によっても保障されていると解されています。

他方で，公職選挙法には，選挙の公正や候補者間の平等を確保するために，選挙運動の規制に関する規定が置かれています。日本の選挙運動の規制は諸外国に比べて格段に厳しく，学説においてその合憲性が疑われているものが少なくありません。

（2）　戸別訪問の禁止

選挙区内の家を一軒ずつ回って特定候補者への投票を呼びかける**戸別訪問**は，公職選挙法によって禁じられています。学説においては，戸別訪問の一律禁止は過剰な制約に当たるとされ，その合憲性が疑われてきました。これに対して，最高裁は，**戸別訪問禁止合憲判決**（最判1981年6月15日）において，これを憲法21条に反するものではないと判示しました。最高裁は，戸別訪問禁止の目的を，買収や利益誘導などを防止し，選挙の自由と公正を確保する点にあるとしたうえで，その目的と一律禁止の手段との間に合理的関連性が認められること，また，禁止によって得られる利益は，失われる利益に比べてはるかに大きいことを，その理由として挙げています。

（3）　事前運動の禁止

また，公職選挙法は，選挙運動の期間を，選挙の公示日または告示日から選挙期日の前日に限定しており，それに先立って行われる選挙運動，すなわち事

前運動は，法律上禁止されています。しかし，学説では，日常の政治活動と選挙運動とは連続的であり，告示日または公示日の前後で両者を区別することに合理性はないとされ，事前運動の一律禁止は過剰な制約であると見なされてきました。これに対して，最高裁は，**事前運動禁止規定違反事件**（最大判1969年4月23日）において，常時の選挙運動によって不当な競争が起こり，選挙の公正が害されること，経済力の差によって不公平や選挙の腐敗が起こるおそれがあることを挙げて，事前運動の禁止は憲法21条に違反するものではないと判示しました。

（4） 文書図画の規制

さらに，選挙で使用するビラ，パンフレット，ポスターなどの文書図画に関して，公職選挙法は，その枚数や形式を厳格に定めるとともに，法定の文書以外のものを選挙期間中に頒布・掲示することを禁止しています。これに対して，このような文書規制が憲法21条に反しないかが，これまでに何度も争われてきました。最高裁は，選挙期間中の文書活動の制限を「憲法上必要且つ合理的」であるとした判決（最大判1955年3月30日）以降，規制を合憲としています。

なお，**インターネットによる選挙運動**は，かつては法律で禁止された文書図画の頒布に当たると解されていました。しかし，2013年の公職選挙法の改正によって，ホームページやSNSなどのウェブサイトを用いた選挙運動が，明文で許容されることになりました。もっとも，電子メールの利用は，なりすましや迷惑メールの防止のために，候補者と政党にしか認められておらず，一般の有権者がそれらを利用することは，引き続き禁止されています。

Ⅲ 被選挙権

1 憲法上の根拠

被選挙権とは，有権者によって選任され，公務員となることができる資格または能力のことをいいます。選挙権と異なり，被選挙権は憲法において明文では規定されていません。そのため，その条文上の根拠については，さまざまな説が唱えられてきました。最高裁は，**三井美唄炭坑事件**（最大判1968年12月4日）において，「憲法15条1項には，被選挙権者，特にその立候補の自由につい

て，直接には規定していないが，これもまた，同条同項の保障する重要な基本的人権の一つと解すべきである」と述べており，15条1項を被選挙権の根拠規定であるとみなしています。

2　被選挙権の要件

公職選挙法は，被選挙権の要件として，①日本国民であることと，②衆議院議員・市町村長・地方議会の議員については**25歳以上**であることを，**参議院議員・都道府県知事**については**30歳以上**であることを，挙げています。つまり，被選挙権については，18歳以上とされている選挙権の年齢よりも，高い年齢が要求されています。このような選挙権と被選挙権との間の年齢差に関しては，被選挙権が，国家意思の形成に直接参与するための重要な権利であるからだと説明されてきました。もっとも，この理由が両者の年齢差を正当化できるだけの合理性を持つかについては，それを疑問視する立場もあります。

3　被選挙権の制限

（1）連座制

公職選挙法は，被選挙権に関してさまざまな制限を定めており，その合憲性が問題となってきました。まず，同法は**連座制**を採用し，候補者の関係者による選挙犯罪があった場合に，候補者本人は，たとえ自身がその行為に関わっていないとしても，連帯して責任を負うものとしています。連座制が適用されると，候補者には，選挙における当選の無効に加えて，同一の選挙区からの立候補が5年にわたり禁止されるという厳しい制裁が科されます。学説においては，他者の犯罪によって候補者本人の被選挙権が大幅に制限されることから，その合憲性を疑う論者も少なくありません。これに対して，最高裁は，**連座制合憲判決**（最判1997年3月13日）において，「民主主義の根幹をなす公職選挙の公明，適正」は重要な法益であると述べて，この目的のために連座制によって候補者の立候補の自由を制限することは，必要かつ合理的であると判示しました。

（2）供託金制度

供託金とは，選挙に立候補する際に法務局に納入しなければならない一定の

金額を指します。供託金は，選挙の得票数が一定数に達しない場合に没収され，国庫または地方公共団体に帰属します。供託金の額および没収の基準は選挙の種類によって異なり，例えば衆議院小選挙区選挙に立候補するには，300万円の供託金が必要であり，得票数が有効投票総数の10分の1に達しない場合に，それは没収されます。供託金制度の目的は，当選の可能性の極めて低い泡沫候補が乱立するのを防ぐことにあるとされています。しかし，その額は高額であるため，そのような金額を用意できない者や，没収されたくない者の立候補の自由を，事実上制限することになります。また，それは，「財産又は収入」による差別を禁じる44条に反するおそれもあります。裁判所はこれまで，供託金を立候補に慎重な決断を促すものとして，合憲としてきました。しかし，諸外国には供託金制度がない国や，あるとしても日本ほど高額でない国が多いことから，制度の見直しを求める見解もあります。

（3）　多選制限

　多選とは，選挙において同じ人が複数回選出されることをいいます。日本では，憲法や法律に，多選を制限する規定はありません。しかし，同一の人物が長く権力を持ち続けることは望ましくないことから，特に地方公共団体の首長の選挙に関して，過去に何度か多選制限の導入が検討されてきました。しかし，多選制限は，15条1項の立候補の自由のほか，22条の職業選択の自由（→第12章）などと抵触しないかが問題となります。総務省に設置された「首長の多選問題に関する調査研究会」の報告書（2007年）は，地方公共団体の首長の多選制限について，必ずしも憲法に反するものではないとの結論を出しています。また，近年では多選禁止条例や多選自粛条例を定める地方公共団体も見られ，注目を集めています。

読書案内

斎藤一久・堀口悟郎編『図録 日本国憲法〔第2版〕』（弘文堂，2021年）

初宿正典・大沢秀介・高橋正俊・常本照樹・高井裕之編著『目で見る憲法〔第5版〕』（有斐閣，2018年）

棟居快行・松井茂記・赤坂正浩・笹田栄司・常本照樹・市川正人『基本的人権の事件簿〔第6版〕』（有斐閣，2019年）

片桐直人・井上武史・大林啓吾『一歩先への憲法入門〔第2版〕』（有斐閣，2021年）

佐藤幸治『日本国憲法論〔第2版〕』（成文堂，2020年）

渋谷秀樹・赤坂正浩『憲法1　人権〔第8版〕』『憲法2　統治〔第8版〕』（有斐閣，2022年）

新井誠・曽我部真裕・佐々木くみ・横大道聡『憲法Ⅰ　総論・統治〔第2版〕』『憲法Ⅱ　人権〔第2版〕』（日本評論社，2021年）

渡辺康行・宍戸常寿・松本和彦・工藤達朗『憲法Ⅰ　基本権』『憲法Ⅱ　総論・統治』（日本評論社，2016年，2020年）

長谷部恭男・石川健治・宍戸常寿編『憲法判例百選Ⅰ〔第7版〕』『憲法判例百選Ⅱ〔第7版〕』（有斐閣，2019年）

宍戸常寿・曽我部真裕編『判例プラクティス憲法〔第3版〕』（信山社，2022年）

上田健介・尾形健・片桐直人『START UP 憲法判例50!〔第2版〕』（有斐閣，2020年）

山本龍彦・清水唯一朗・出口雄一編著『憲法判例からみる日本―法×政治×歴史×文化』（日本評論社，2016年）

横大道聡編著『憲法判例の射程〔第2版〕』（弘文堂，2020年）

木下昌彦集代表『精読　憲法判例〔人権編〕』『精読　憲法判例〔統治編〕』（弘文堂，2018年，2021年）

事項索引

［資　　料］　日本国憲法

日本国憲法

朕は，日本国民の総意に基いて，新日本建設の礎が，定まるに至つたことを，深くよろこび，枢密顧問の諮詢及び帝国憲法第七十三条による帝国議会の議決を経た帝国憲法の改正を裁可し，ここにこれを公布せしめる。

御名御璽

昭和二十一年十一月三日

内閣総理大臣兼 外 務 大 臣		吉 田　　茂
国 務 大 臣	男爵	幣原喜重郎
司 法 大 臣		木村篤太郎
内 務 大 臣		大村　清一
文 部 大 臣		田中耕太郎
農 林 大 臣		和田　博雄
国 務 大 臣		斎藤　隆夫
逓 信 大 臣		一松　定吉
商 工 大 臣		星島　二郎
厚 生 大 臣		河合　良成
国 務 大 臣		植原悦二郎
運 輸 大 臣		平塚常次郎
大 蔵 大 臣		石橋　湛山
国 務 大 臣		金森徳次郎
国 務 大 臣		膳　桂之助

日本国憲法

日本国民は，正当に選挙された国会における代表者を通じて行動し，われらとわれらの子孫のために，諸国民との協和による成果と，わが国全土にわたつて自由のもたらす恵沢を確保し，政府の行為によつて再び戦争の惨禍が起ることのないやうにすることを決意し，ここに主権が国民に存することを宣言し，この憲法を確定する。そもそも国政は，国民の厳粛な信託によるものであつて，その権威は国民に由来し，その権力は国民の代表者がこれを行使し，その福利は国民がこれを享受する。これは人類普遍の原理であり，この憲法は，かかる原理に基くものである。われらは，これに反する一切の憲法，法令及び詔勅を排除する。

日本国民は，恒久の平和を念願し，人間相互の関係を支配する崇高な理想を深く自覚するのであつて，平和を愛する諸国民の公正と信義に信頼して，われらの安全と生存を保持しようと決意した。われらは，平和を維持し，専制と隷従，圧迫と偏狭を地上から永遠に除去しようと努めてゐる国際社会において，名誉ある地位を占めたいと思ふ。われらは，全世界の国民が，ひとしく恐怖と欠乏から免かれ，平和のうちに生存する権利を有することを確認する。

われらは，いづれの国家も，自国のことのみに専念して他国を無視してはならないのであつて，政治道徳の法則は，普遍的なものであり，この法則に従ふことは，自国の主権を維持し，他国と対等関係に立たうとする各国の責務であると信ずる。

日本国民は，国家の名誉にかけ，全力をあげてこの崇高な理想と目的を達成することを誓ふ。

第1章　天　　皇

第1条〔天皇の地位，国民主権〕　　天皇は，日本国の象徴であり日本国民統合の象徴であつて，この地位は，主権の存する日本国民の総意に基く。

第2条〔皇位の継承〕　　皇位は，世襲のものであつて，国会の議決した皇室典範の定めるところにより，これを継承する。

第3条〔天皇の国事行為に対する内閣の助言と承認〕　　天皇の国事に関するすべての

行為には，内閣の助言と承認を必要とし，内閣が，その責任を負ふ。

第4条〔天皇の権能の限界・天皇の国事行為の委任〕　①　天皇は，この憲法の定める国事に関する行為のみを行ひ，国政に関する権能を有しない。

②　天皇は，法律の定めるところにより，その国事に関する行為を委任することができる。

第5条〔摂政〕　皇室典範の定めるところにより摂政を置くときは，摂政は，天皇の名でその国事に関する行為を行ふ。この場合には，前条第一項の規定を準用する。

第6条〔天皇の任命権〕　①　天皇は，国会の指名に基いて，内閣総理大臣を任命する。

②　天皇は，内閣の指名に基いて，最高裁判所の長たる裁判官を任命する。

第7条〔天皇の国事行為〕　天皇は，内閣の助言と承認により，国民のために，左の国事に関する行為を行ふ。

一　憲法改正，法律，政令及び条約を公布すること。

二　国会を召集すること。

三　衆議院を解散すること。

四　国会議員の総選挙の施行を公示すること。

五　国務大臣及び法律の定めるその他の官吏の任免並びに全権委任状及び大使及び公使の信任状を認証すること。

六　大赦，特赦，減刑，刑の執行の免除及び復権を認証すること。

七　栄典を授与すること。

八　批准書及び法律の定めるその他の外交文書を認証すること。

九　外国の大使及び公使を接受すること。

十　儀式を行ふこと。

第8条〔皇室の財産授受〕　皇室に財産を譲り渡し，又は皇室が，財産を譲り受け，若しくは賜与することは，国会の議決に基かなければならない。

第2章　戦争の放棄

第9条〔戦争の放棄，軍備及び交戦権の否認〕　①　日本国民は，正義と秩序を基調とする国際平和を誠実に希求し，国権の発動たる戦争と，武力による威嚇又は武力の行使は，国際紛争を解決する手段としては，永久にこれを放棄する。

②　前項の目的を達するため，陸海空軍その他の戦力は，これを保持しない。国の交戦権は，これを認めない。

第3章　国民の権利及び義務

第10条〔国民の要件〕　日本国民たる要件は，法律でこれを定める。

第11条〔基本的人権の享有〕　国民は，すべての基本的人権の享有を妨げられない。この憲法が国民に保障する基本的人権は，侵すことのできない永久の権利として，現在及び将来の国民に与へられる。

第12条〔自由・権利の保持の責任とその濫用の禁止〕　この憲法が国民に保障する自由及び権利は，国民の不断の努力によつて，これを保持しなければならない。又，国民は，これを濫用してはならないのであつて，常に公共の福祉のためにこれを利用する責任を負ふ。

第13条〔個人の尊重，生命・自由・幸福追求の権利の尊重〕　すべて国民は，個人として尊重される。生命，自由及び幸福追求に対する国民の権利については，公共の福祉に反しない限り，立法その他の国政の上で，最大の尊重を必要とする。

第14条〔法の下の平等，貴族制度の否認，栄典〕　①　すべて国民は，法の下に平等であつて，人種，信条，性別，社会的身分又は門地により，政治的，経済的又は社会

的関係において，差別されない。

② 華族その他の貴族の制度は，これを認めない。

③ 栄誉，勲章その他の栄典の授与は，いかなる特権も伴はない。栄典の授与は，現にこれを有し，又は将来これを受ける者の一代に限り，その効力を有する。

第15条〔公務員の選定及び罷免権，公務員の本質，普通選挙・秘密投票の保障〕

① 公務員を選定し，及びこれを罷免することは，国民固有の権利である。

② すべて公務員は，全体の奉仕者であつて，一部の奉仕者ではない。

③ 公務員の選挙については，成年者による普通選挙を保障する。

④ すべて選挙における投票の秘密は，これを侵してはならない。選挙人は，その選択に関し公的にも私的にも責任を問はれない。

第16条〔請願権〕 何人も，損害の救済，公務員の罷免，法律，命令又は規則の制定，廃止又は改正その他の事項に関し，平穏に請願する権利を有し，何人も，かかる請願をしたためにいかなる差別待遇も受けない。

第17条〔国及び公共団体の賠償責任〕 何人も，公務員の不法行為により，損害を受けたときは，法律の定めるところにより，国又は公共団体に，その賠償を求めることができる。

第18条〔奴隷的拘束及び苦役からの自由〕 何人も，いかなる奴隷的拘束も受けない。又，犯罪に因る処罰の場合を除いては，その意に反する苦役に服させられない。

第19条〔思想及び良心の自由〕 思想及び良心の自由は，これを侵してはならない。

第20条〔信教の自由，国の宗教活動の禁止〕

① 信教の自由は，何人に対してもこれを保障する。いかなる宗教団体も，国から特権を受け，又は政治上の権力を行使してはならない。

② 何人も，宗教上の行為，祝典，儀式又は

行事に参加することを強制されない。

③ 国及びその機関は，宗教教育その他いかなる宗教的活動もしてはならない。

第21条〔集会・結社・表現の自由，検閲の禁止，通信の秘密〕 ① 集会，結社及び言論，出版その他一切の表現の自由は，これを保障する。

② 検閲は，これをしてはならない。通信の秘密は，これを侵してはならない。

第22条〔居住・移転及び職業選択の自由，外国移住・国籍離脱の自由〕 ① 何人も，公共の福祉に反しない限り，居住，移転及び職業選択の自由を有する。

② 何人も，外国に移住し，又は国籍を離脱する自由を侵されない。

第23条〔学問の自由〕 学問の自由は，これを保障する。

第24条〔家庭生活における個人の尊厳と両性の平等〕 ① 婚姻は，両性の合意のみに基いて成立し，夫婦が同等の権利を有することを基本として，相互の協力により，維持されなければならない。

② 配偶者の選択，財産権，相続，住居の選定，離婚並びに婚姻及び家族に関するその他の事項に関しては，法律は，個人の尊厳と両性の本質的平等に立脚して，制定されなければならない。

第25条〔生存権，国の社会的使命〕

① すべて国民は，健康で文化的な最低限度の生活を営む権利を有する。

② 国は，すべての生活部面について，社会福祉，社会保障及び公衆衛生の向上及び増進に努めなければならない。

第26条〔教育を受ける権利，教育を受けさせる義務，義務教育の無償〕

① すべて国民は，法律の定めるところにより，その能力に応じて，ひとしく教育を受ける権利を有する。

② すべて国民は，法律の定めるところにより，その保護する子女に普通教育を受けさ

せる義務を負ふ。義務教育は，これを無償
とする。

第27条〔勤労の権利及び義務，勤労条件の基
準，児童酷使の禁止〕
① すべて国民は，勤労の権利を有し，義務
を負ふ。
② 賃金，就業時間，休息その他の勤労条件
に関する基準は，法律でこれを定める。
③ 児童は，これを酷使してはならない。

第28条〔勤労者の団結権・団体交渉権その他
の団体行動権〕　勤労者の団結する権利
及び団体交渉その他の団体行動をする権利
は，これを保障する。

第29条〔財産権〕　① 財産権は，これを
侵してはならない。
② 財産権の内容は，公共の福祉に適合する
やうに，法律でこれを定める。
③ 私有財産は，正当な補償の下に，これを
公共のために用ひることができる。

第30条〔納税の義務〕　国民は，法律の定
めるところにより，納税の義務を負ふ。

第31条〔法定手続の保障〕　何人も，法律
の定める手続によらなければ，その生命若
しくは自由を奪はれ，又はその他の刑罰を
科せられない。

第32条〔裁判を受ける権利〕　何人も，裁
判所において裁判を受ける権利を奪はれな
い。

第33条〔逮捕の要件〕　何人も，現行犯と
して逮捕される場合を除いては，権限を有
する司法官憲が発し，且つ理由となつてゐ
る犯罪を明示する令状によらなければ，逮
捕されない。

第34条〔抑留，拘禁の要件，不法拘禁に対す
る保障〕　何人も，理由を直ちに告げら
れ，且つ，直ちに弁護人に依頼する権利を
与へられなければ，抑留又は拘禁されない。
又，何人も，正当な理由がなければ，拘禁
されず，要求があれば，その理由は，直ち
に本人及びその弁護人の出席する公開の法

廷で示されなければならない。

第35条〔住居侵入・捜索・押収に対する保障〕
① 何人も，その住居，書類及び所持品につ
いて，侵入，捜索及び押収を受けることの
ない権利は，第33条の場合を除いては，正
当な理由に基いて発せられ，且つ捜索する
場所及び押収する物を明示する令状がなけ
れば，侵されない。
② 捜索又は押収は，権限を有する司法官憲
が発する各別の令状により，これを行ふ。

第36条〔拷問及び残虐刑の禁止〕　公務員
による拷問及び残虐な刑罰は，絶対にこれ
を禁ずる。

第37条〔刑事被告人の権利〕　① すべて
刑事事件においては，被告人は，公平な裁
判所の迅速な公開裁判を受ける権利を有す
る。
② 刑事被告人は，すべての証人に対して審
問する機会を充分に与へられ，又，公費で
自己のために強制的手続により証人を求め
る権利を有する。
③ 刑事被告人は，いかなる場合にも，資格
を有する弁護人を依頼することができる。
被告人が自らこれを依頼することができな
いときは，国でこれを附する。

第38条〔自己に不利益な供述の強要禁止，自
白の証拠能力〕　① 何人も，自己に不
利益な供述を強要されない。
② 強制，拷問若しくは脅迫による自白又は
不当に長く抑留若しくは拘禁された後の自
白は，これを証拠とすることができない。
③ 何人も，自己に不利益な唯一の証拠が本
人の自白である場合には，有罪とされ，又
は刑罰を科せられない。

第39条〔遡及処罰の禁止，一事不再理〕
何人も，実行の時に適法であつた行為又は
既に無罪とされた行為については，刑事上
の責任を問はれない。又，同一の犯罪につ
いて，重ねて刑事上の責任を問はれない。

第40条〔刑事補償〕　何人も，抑留又は拘

禁された後，無罪の裁判を受けたときは，
法律の定めるところにより，国にその補償
を求めることができる。

第4章 国 会

第41条〔国会の地位，立法権〕 国会は，国
権の最高機関であつて，国の唯一の立法機
関である。

第42条〔両院制〕 国会は，衆議院及び参
議院の両議院でこれを構成する。

第43条〔両議院の組織〕 ① 両議院は，
全国民を代表する選挙された議員でこれを
組織する。

② 両議院の議員の定数は，法律でこれを定
める。

第44条〔議員及び選挙人の資格〕 両議院
の議員及びその選挙人の資格は，法律でこ
れを定める。但し，人種，信条，性別，社
会的身分，門地，教育，財産又は収入によ
つて差別してはならない。

第45条〔衆議院議員の任期〕 衆議院議員
の任期は，四年とする。但し，衆議院解散
の場合には，その期間満了前に終了する。

第46条〔参議院議員の任期〕 参議院議員
の任期は，六年とし，三年ごとに議員の半
数を改選する。

第47条〔選挙に関する事項の法定〕 選挙
区，投票の方法その他両議院の議員の選挙
に関する事項は，法律でこれを定める。

第48条〔両院議員兼職の禁止〕 何人も，
同時に両議院の議員たることはできない。

第49条〔議員の歳費〕 両議院の議員は，
法律の定めるところにより，国庫から相当
額の歳費を受ける。

第50条〔議員の不逮捕特権〕 両議院の議
員は，法律の定める場合を除いては，国会
の会期中逮捕されず，会期前に逮捕された
議員は，その議院の要求があれば，会期中
これを釈放しなければならない。

第51条〔議員の発言・表決の無責任〕 両
議院の議員は，議院で行つた演説，討論又
は表決について，院外で責任を問はれない。

第52条〔常会〕 国会の常会は，毎年一回
これを召集する。

第53条〔臨時会〕 内閣は，国会の臨時会
の召集を決定することができる。いづれか
の議院の総議員の四分の一以上の要求があ
れば，内閣は，その召集を決定しなければ
ならない。

第54条〔衆議院の解散，特別会，参議院の緊
急集会〕 ① 衆議院が解散されたとき
は，解散の日から四十日以内に，衆議院議
員の総選挙を行ひ，その選挙の日から三十
日以内に，国会を召集しなければならない。

② 衆議院が解散されたときは，参議院は，
同時に閉会となる。但し，内閣は，国に緊
急の必要があるときは，参議院の緊急集会
を求めることができる。

③ 前項但書の緊急集会において採られた措
置は，臨時のものであつて，次の国会開会
の後十日以内に，衆議院の同意がない場合
には，その効力を失ふ。

第55条〔議員の資格争訟〕 両議院は，各
ゝその議員の資格に関する争訟を裁判する。
但し，議員の議席を失はせるには，出席議
員の三分の二以上の多数による議決を必要
とする。

第56条〔議事議決の定足数・表決〕

① 両議院は，各ゝその総議員の三分の一以
上の出席がなければ，議事を開き議決する
ことができない。

② 両議院の議事は，この憲法に特別の定の
ある場合を除いては，出席議員の過半数で
これを決し，可否同数のときは，議長の決
するところによる。

第57条〔会議の公開・会議の記録・表決の会
議録への記載〕 ① 両議院の会議は，
公開とする。但し，出席議員の三分の二以
上の多数で議決したときは，秘密会を開く

ことができる。

② 両議院は，各 その会議の記録を保存し，秘密会の記録の中で特に秘密を要すると認められるもの以外は，これを公表し，且つ一般に頒布しなければならない。

③ 出席議員の五分の一以上の要求があれば，各議員の表決は，これを会議録に記載しなければならない。

第58条〔議長等の選任・議院の自律権〕

① 両議院は，各 その議長その他の役員を選任する。

② 両議院は，各 その会議その他の手続及び内部の規律に関する規則を定め，又，院内の秩序をみだした議員を懲罰することができる。但し，議員を除名するには，出席議員の三分の二以上の多数による議決を必要とする。

第59条〔法律案の議決・衆議院の優越〕

① 法律案は，この憲法に特別の定のある場合を除いては，両議院で可決したとき法律となる。

② 衆議院で可決し，参議院でこれと異なつた議決をした法律案は，衆議院で出席議員の三分の二以上の多数で再び可決したときは，法律となる。

③ 前項の規定は，法律の定めるところにより，衆議院が，両議院の協議会を開くことを求めることを妨げない。

④ 参議院が，衆議院の可決した法律案を受け取つた後，国会休会中の期間を除いて六十日以内に，議決しないときは，衆議院は，参議院がその法律案を否決したものとみなすことができる。

第60条〔衆議院の予算先議・予算議決に関する衆議院の優越〕　① 予算は，さきに衆議院に提出しなければならない。

② 予算について，参議院で衆議院と異なつた議決をした場合に，法律の定めるところにより，両議院の協議会を開いても意見が一致しないとき，又は参議院が，衆議院の

可決した予算を受け取つた後，国会休会中の期間を除いて三十日以内に，議決しないときは，衆議院の議決を国会の議決とする。

第61条〔条約の国会承認・衆議院の優越〕　条約の締結に必要な国会の承認については，前条第二項の規定を準用する。

第62条〔議院の国政調査権〕　両議院は，各 国政に関する調査を行ひ，これに関して，証人の出頭及び証言並びに記録の提出を要求することができる。

第63条〔国務大臣の議院出席の権利と義務〕内閣総理大臣その他の国務大臣は，両議院の一に議席を有すると有しないとにかかはらず，何時でも議案について発言するため議院に出席することができる。又，答弁又は説明のため出席を求められたときは，出席しなければならない。

第64条〔弾劾裁判所〕　① 国会は，罷免の訴追を受けた裁判官を裁判するため，両議院の議員で組織する弾劾裁判所を設ける。

② 弾劾に関する事項は，法律でこれを定める。

第5章　内　　閣

第65条〔行政権〕　行政権は，内閣に属する。

第66条〔内閣の組織・国会に対する連帯責任〕

① 内閣は，法律の定めるところにより，その首長たる内閣総理大臣及びその他の国務大臣でこれを組織する。

② 内閣総理大臣その他の国務大臣は，文民でなければならない。

③ 内閣は，行政権の行使について，国会に対し連帯して責任を負ふ。

第67条〔内閣総理大臣の指名・衆議院の優越〕

① 内閣総理大臣は，国会議員の中から国会の議決で，これを指名する。この指名は，他のすべての案件に先だつて，これを行ふ。

② 衆議院と参議院とが異なつた指名の議決

をした場合に，法律の定めるところにより，両議院の協議会を開いても意見が一致しないとき，又は衆議院が指名の議決をした後，国会休会中の期間を除いて十日以内に，参議院が，指名の議決をしないときは，衆議院の議決を国会の議決とする。

第68条〔国務大臣の任命及び罷免〕

① 内閣総理大臣は，国務大臣を任命する。但し，その過半数は，国会議員の中から選ばれなければならない。

② 内閣総理大臣は，任意に国務大臣を罷免することができる。

第69条〔衆議院の内閣不信任〕　内閣は，衆議院で不信任の決議案を可決し，又は信任の決議案を否決したときは，十日以内に衆議院が解散されない限り，総辞職をしなければならない。

第70条〔内閣総理大臣の欠缺・総選挙後の総辞職〕　内閣総理大臣が欠けたとき，又は衆議院議員総選挙の後に初めて国会の召集があつたときは，内閣は，総辞職をしなければならない。

第71条〔総辞職後の内閣の職務〕　前2条の場合には，内閣は，あらたに内閣総理大臣が任命されるまで引き続きその職務を行ふ。

第72条〔内閣総理大臣の職権〕　内閣総理大臣は，内閣を代表して議案を国会に提出し，一般国務及び外交関係について国会に報告し，並びに行政各部を指揮監督する。

第73条〔内閣の職権〕　内閣は，他の一般行政事務の外，左の事務を行ふ。

一　法律を誠実に執行し，国務を総理すること。

二　外交関係を処理すること。

三　条約を締結すること。但し，事前に，時宜によつては事後に，国会の承認を経ることを必要とする。

四　法律の定める基準に従ひ，官吏に関する事務を掌理すること。

五　予算を作成して国会に提出すること。

六　この憲法及び法律の規定を実施するために，政令を制定すること。但し，政令には，特にその法律の委任がある場合を除いては，罰則を設けることができない。

七　大赦，特赦，減刑，刑の執行の免除及び復権を決定すること。

第74条〔法律・政令の署名〕　法律及び政令には，すべて主任の国務大臣が署名し，内閣総理大臣が連署することを必要とする。

第75条〔国務大臣の訴追〕　国務大臣は，その在任中，内閣総理大臣の同意がなければ，訴追されない。但し，これがため，訴追の権利は，害されない。

第6章　司　　法

第76条〔司法権，特別裁判所の禁止，裁判官の職務の独立〕　①　すべて司法権は，最高裁判所及び法律の定めるところにより設置する下級裁判所に属する。

② 特別裁判所は，これを設置することができない。行政機関は，終審として裁判を行ふことができない。

③ すべて裁判官は，その良心に従ひ独立してその職権を行ひ，この憲法及び法律にのみ拘束される。

第77条〔最高裁判所の規則制定権〕

① 最高裁判所は，訴訟に関する手続，弁護士，裁判所の内部規律及び司法事務処理に関する事項について，規則を定める権限を有する。

② 検察官は，最高裁判所の定める規則に従はなければならない。

③ 最高裁判所は，下級裁判所に関する規則を定める権限を，下級裁判所に委任することができる。

第78条〔裁判官の身分の保障〕　裁判官は，裁判により，心身の故障のために職務を執ることができないと決定された場合を除い

ては，公の弾劾によらなければ罷免されない。裁判官の懲戒処分は，行政機関がこれを行ふことはできない。

第79条〔最高裁判所の裁判官・国民審査〕

① 最高裁判所は，その長たる裁判官及び法律の定める員数のその他の裁判官でこれを構成し，その長たる裁判官以外の裁判官は，内閣でこれを任命する。

② 最高裁判所の裁判官の任命は，その任命後初めて行はれる衆議院議員総選挙の際国民の審査に付し，その後十年を経過した後初めて行はれる衆議院議員総選挙の際更に審査に付し，その後も同様とする。

③ 前項の場合において，投票者の多数が裁判官の罷免を可とするときは，その裁判官は，罷免される。

④ 審査に関する事項は，法律でこれを定める。

⑤ 最高裁判所の裁判官は，法律の定める年齢に達した時に退官する。

⑥ 最高裁判所の裁判官は，すべて定期に相当額の報酬を受ける。この報酬は，在任中，これを減額することができない。

第80条〔下級裁判所の裁判官〕 ① 下級裁判所の裁判官は，最高裁判所の指名した者の名簿によつて，内閣でこれを任命する。その裁判官は，任期を十年とし，再任されることができる。但し，法律の定める年齢に達した時には退官する。

② 下級裁判所の裁判官は，すべて定期に相当額の報酬を受ける。この報酬は，在任中，これを減額することができない。

第81条〔最高裁判所の法令等審査権〕 最高裁判所は，一切の法律，命令，規則又は処分が憲法に適合するかしないかを決定する権限を有する終審裁判所である。

第82条〔裁判の公開〕 ① 裁判の対審及び判決は，公開法廷でこれを行ふ。

② 裁判所が，裁判官の全員一致で，公の秩序又は善良の風俗を害する虞があると決し

た場合には，対審は，公開しないでこれを行ふことができる。但し，政治犯罪，出版に関する犯罪又はこの憲法第3章で保障する国民の権利が問題となつてゐる事件の対審は，常にこれを公開しなければならない。

第7章 財 政

第83条〔財政処理の基本原則〕 国の財政を処理する権限は，国会の議決に基いて，これを行使しなければならない。

第84条〔課税の要件〕 あらたに租税を課し，又は現行の租税を変更するには，法律又は法律の定める条件によることを必要とする。

第85条〔国費の支出及び債務負担〕 国費を支出し，又は国が債務を負担するには，国会の議決に基くことを必要とする。

第86条〔予算〕 内閣は，毎会計年度の予算を作成し，国会に提出して，その審議を受け議決を経なければならない。

第87条〔予備費〕 ① 予見し難い予算の不足に充てるため，国会の議決に基いて予備費を設け，内閣の責任でこれを支出することができる。

② すべて予備費の支出については，内閣は，事後に国会の承諾を得なければならない。

第88条〔皇室財産，皇室の費用〕 すべて皇室財産は，国に属する。すべて皇室の費用は，予算に計上して国会の議決を経なければならない。

第89条〔公の財産の支出又は利用の制限〕 公金その他の公の財産は，宗教上の組織若しくは団体の使用，便益若しくは維持のため，又は公の支配に属しない慈善，教育若しくは博愛の事業に対し，これを支出し，又はその利用に供してはならない。

第90条〔決算審査・会計検査院〕

① 国の収入支出の決算は，すべて毎年会計検査院がこれを検査し，内閣は，次の年度

に，その検査報告とともに，これを国会に
提出しなければならない。

② 会計検査院の組織及び権限は，法律でこ
れを定める。

第91条〔財政状況の報告〕　内閣は，国会
及び国民に対し，定期に，少くとも毎年一
回，国の財政状況について報告しなければ
ならない。

第8章　地方自治

第92条〔地方自治の基本原則〕　地方公共
団体の組織及び運営に関する事項は，地方
自治の本旨に基いて，法律でこれを定める。

第93条〔地方公共団体の機関とその直接選
挙〕　① 地方公共団体には，法律の定
めるところにより，その議事機関として議
会を設置する。

② 地方公共団体の長，その議会の議員及び
法律の定めるその他の吏員は，その地方公
共団体の住民が，直接これを選挙する。

第94条〔地方公共団体の権能〕　地方公共
団体は，その財産を管理し，事務を処理し，
及び行政を執行する権能を有し，法律の範
囲内で条例を制定することができる。

第95条〔一の地方公共団体のみに適用される
特別法〕　一の地方公共団体のみに適用
される特別法は，法律の定めるところによ
り，その地方公共団体の住民の投票におい
てその過半数の同意を得なければ，国会は，
これを制定することができない。

第9章　改　　正

第96条〔憲法改正の手続・憲法改正の公布〕

① この憲法の改正は，各議院の総議員の三
分の二以上の賛成で，国会が，これを発議
し，国民に提案してその承認を経なければ
ならない。この承認には，特別の国民投票
又は国会の定める選挙の際行はれる投票に

おいて，その過半数の賛成を必要とする。

② 憲法改正について前項の承認を経たとき
は，天皇は，国民の名で，この憲法と一体
を成すものとして，直ちにこれを公布する。

第10章　最高法規

第97条〔基本的人権の本質〕　この憲法が
日本国民に保障する基本的人権は，人類の
多年にわたる自由獲得の努力の成果であつ
て，これらの権利は，過去幾多の試錬に堪
へ，現在及び将来の国民に対し，侵すこと
のできない永久の権利として信託されたも
のである。

第98条〔憲法の最高法規性，条約・国際法規
の遵守〕　① この憲法は，国の最高法
規であつて，その条規に反する法律，命令，
詔勅及び国務に関するその他の行為の全部
又は一部は，その効力を有しない。

② 日本国が締結した条約及び確立された国
際法規は，これを誠実に遵守することを必
要とする。

第99条〔憲法尊重擁護の義務〕　天皇又は
摂政及び国務大臣，国会議員，裁判官その
他の公務員は，この憲法を尊重し擁護する
義務を負ふ。

第11章　補　　則

第100条〔憲法の施行期日・準備手続〕

① この憲法は，公布の日から起算して6箇
月を経過した日から，これを施行する。

② この憲法を施行するために必要な法律の
制定，参議院議員の選挙及び国会召集の手
続並びにこの憲法を施行するために必要な
準備手続は，前項の期日よりも前に，これ
を行ふことができる。

第101条〔経過規定〕　この憲法施行の際，
参議院がまだ成立してゐないときは，その
成立するまでの間，衆議院は，国会として

の権限を行ふ。

第102条〔同前〕　この憲法による第一期の参議院議員のうち，その半数の者の任期は，これを三年とする。その議員は，法律の定めるところにより，これを定める。

第103条〔同前〕　この憲法施行の際現に在職する国務大臣，衆議院議員及び裁判官並びにその他の公務員で，その地位に相応する地位がこの憲法で認められてゐる者は，法律で特別の定をした場合を除いては，この憲法施行のため，当然にはその地位を失ふことはない。但し，この憲法によつて，後任者が選挙又は任命されたときは，当然その地位を失ふ。

■ **執筆者紹介**（執筆順　＊編者）

＊**横山　真紀**（よこやま・まき）　京都女子大学非常勤講師　　　　　　　1章, 5章, 8章

＊**曽我部真裕**（そがべ・まさひろ）　京都大学大学院法学研究科教授　　　　2章, 11章

　高田　倫子（たかた・みちこ）　大阪公立大学大学院法学研究科准教授　3章, 9章, 15章

　山田　哲史（やまだ・さとし）　岡山大学法学部教授　　　　　　　　　4章, 10章

　岸野　薫（きしの・かおり）　香川大学法学部准教授　　　　　　　　6章, 12章

　堀口　悟郎（ほりぐち・ごろう）　岡山大学法学部准教授　　　　　　　7章, 13章, 14章

Horitsu Bunka Sha

スタディ憲法〔第2版〕

2018年4月10日　初　版第1刷発行
2023年3月1日　第2版第1刷発行

編　者　　曽我部真裕・横山真紀

発行者　　畑　　光

発行所　　株式会社　法律文化社

〒603-8053
京都市北区上賀茂岩ヶ垣内町71
電話 075(791)7131　FAX 075(721)8400
https://www.hou-bun.com/

印刷：西濃印刷㈱／製本：㈲坂井製本所
イラスト：あさひらちひろ

ISBN 978-4-589-04256-9

倉持孝司・村田尚紀・塚田哲之編著

比較から読み解く日本国憲法

A5判・248頁・3190円

憲法学習にとって必要な項目を網羅し，判例・学説と各論点に関連する外国の憲法動向を紹介し比較検討。日本の憲法状況を外側から眺める視点を提供するとともに，日本と外国の制度の違いを内側から考えられるように工夫した。

水谷瑛嗣郎編

リーディング メディア法・情報法

A5判・308頁・3190円

メディア制作者のための法知識とプラットフォーム事業者のための法知識という情報法学の新枠組みを提示。基本論点とともに，"ネット上の誹謗中傷"などのポスト・デジタル時代の新論点をよみとき，多角的に未来社会・未来法学のあり方を導く。

志田陽子・榎澤幸広・中島 宏・石川裕一郎編

映 画 で 学 ぶ 憲 法 Ⅱ

A5判・174頁・2310円

映画を題材にした憲法の入門書。フィクションだからこそ問いなおす視点を提供する〈映画〉と史実のなかで生まれたが抽象度の高い〈憲法〉の双方を行き来する作業を通じて，憲法の理念や規範を新たな視点から捉える。憲法の主要論点をカバー。

君塚正臣編

大 学 生 の た め の 憲 法

A5判・342頁・2750円

重要判例を詳解し，重要語句を強調，参考文献・Web情報を付すなど，学習を深めるための工夫を凝らすことによって法学部専門科目の「憲法」にも教養科目「憲法」講義にも対応可能なテキスト。

大島義則著

憲 法 の 地 図
—条文と判例から学ぶ—

A5判・196頁・2200円

憲法の条文の規範的内容について最高裁の下した判決を中心に解説する。各章末に判例をマッピングした「地図」を付すとともに，本文を理解するための必要な判決を一覧化。憲法の条文・判例の全体像を理解できる一冊。

———法律文化社———

表示価格は消費税10%を含んだ価格です